# 아름다운 불륜

― 이과희 수필선

현대수필가100인선 II·21

**수필과비평사 · 좋은수필사**

아름다운 불륜

― 이관희 수필선

## 책머리에

　수필은 누구나 부담 없이 읽고, 마음만 먹으면 직접 쓸 수도 있는 가장 친근한 문학이다. 다른 영역의 문학이 영상매체에 밀려 신음하고 있는 중에도 수필 인구만은 날로 증가하여 바야흐로 수필 전성시대를 구가하고 있는 이유도 거기에 있을 것이다.
　시대적 추세에 힘입어 수많은 수필전문지, 수필동인지가 창간되고, 이에 비례하여 신진 수필가도 날로 늘어나다 보니 이제는 그 많은 작가, 그 많은 작품 중에서 문학성 높은 작품을 가려 읽는 일이 쉽지 않게 되었다. 이런 현상은 작가에게나 독자에게나 결코 바람직한 일이 아니다. 더 나아가서는 수필을 연구하는 후세들에게도 큰 부담이 될 것이다.
　이런 문제를 해결하는 데는 출판인도 마땅히 한몫을 감당해야 한다는 평소의 소신에 따라, 본사가 기꺼이 그 역할을 맡기로 했다. 그 첫 번째 사업으로 시대를 대표할 만한 수필가 100인을 선정하고, 작가가 자선한 40편 내외의 작품을 수록한 문고본을 발간하여 이를 널리 보급함으로써 그 소임을 다하고자 한다.
　본사는 사명감을 가지고 이 사업을 추진해 나가기로 했다. 작가 선정을 전담할 편집위원회를 구성하고 전권을 위임하여 일체의 사적인 정실이나 청탁을 배제함으로써 전문성과 공정성을 확보해 나갈 것이다.
　따라서 이 기획물 속에는 작가의 문학정신뿐만 아니라, 본사의 문학사적 기여 의지와 편집위원 제위의 수필문학에 대한 애정과 문인으로서의 양심이 함께 담겨 있음을 자부한다. 다만, 작가를 선정하는 기준에는 많은 견해의 차이가 있을 수 있고, 선정 과정에서도 미처 챙기지 못한 부분이 있을 것이라는 사실만은 인정하지 않을 수 없다. 이 점에 대해서는 관계자 여러분의 양해 있으시기 바란다.

이 시리즈의 발간 순서는 작가, 또는 본사의 사정에 의한 것일 뿐 그밖의 어떤 기준도 적용하지 않았음을 밝힌다.

본 기획물이 시대를 초월한 많은 수필 애호가들의 관심과 애정 속에 우리나라 수필문학 발전에 한 이정표가 되기를 바랄 뿐이다.

본사에서는 이상과 같은 취지로《현대수필가 100인선》전 100권을 완간하여 큰 반향을 불러일으킨 바 있다.

그러나 우리 수필문단의 규모나 수필문학의 수준에 비추어 선정 작가를 100인으로 한정하는 것은 형평성이나 효율성 면에서 크게 부족하다는 의견이 많았고, 본사 또한 이를 통감하던 터라 기꺼이《현대수필가 100인선 Ⅱ》를 발간하기로 했다.

본사의 충정에 찬동하여 출판에 응해주신 저자 여러분께 진심으로 감사한다.

2014년 9월<br>
수필과비평 · 좋은수필 발행인    서정환<br>
현대수필가 100인선 간행 편집위원    박재식   최병호<br>
정진권   강호형<br>
오세윤

책머리에 — **04**

# 1
# 아내의 탁자

문학에게 — **12**
아내의 탁자 — **14**
고속도로 — **17**
말 숨 — **20**
지팡이 — **23**
어떤 통증 — **25**
모란꽃 — **28**

2
별

잃어버린 장난감 ― **32**
나팔꽃 ― **39**
팜므파탈 ― **45**
별 ― **49**
초콜릿 ― **52**
색맹色盲 ― **57**
사소함에 대한 사소한 변명 ― **63**

# 3
# 포옹

아름다운 불륜 ― **70**
물소리 ― **87**
고양이 ― **95**
이명耳鳴 ― **109**
구피 ― **116**
포옹 ― **125**

# 4
# 도덕이라는 위선

연애도 할 줄 모르는 것들에게 ― **134**

엉덩이를 사오다 ― **138**

도덕이라는 위선 ― **144**

작가란 돌을 던지는 자인가? ― **152**

팔 휘젓지 않고 다니기 ― **166**

사랑에 눈 먼 세상이 밝은 세상이다 ― **171**

창작문예수필 발생의 역사적 과정 ― **179**

작가 연보 ― **197**

#  아내의 탁자

# 1

문학에게
아내의 탁자
고속도로
말 숨
지팡이
어떤 통증
모란꽃

# 문학에게

소년시절,
당신을 처음 만났을 때,
안개 속에 머리 빗고 서 있는 버드나무 한 그루를 보았습니다.
안개 속이 버드나무 같고, 버드나무 속이 안개 같았습니다.
둘인가 하면 하나였고, 하나인가 하면 둘이었습니다.

조금 자란 후,
자란만큼 당신에게 가까이 다가섰을 때,
비누 냄새를 맡았습니다.
방금 포장 뜯은,
아직 물 한 방울도 묻은 일이 없는 생 비누 냄새.

청년시절,
하얗게 밤을 새운 어느 신새벽,
드디어 물고기 한 마리를 낚아올렸습니다.
방금 물속에서 올라온 매끄러운 비누 한 덩어리.
그것이 당신과의 첫 스킨십이었습니다.

마침내 첫 작품이 게재된 책을 품에 받아 안았을 때,
이른 봄 검은 흙을 뚫고 곧추 솟아오른
탱탱하게 발기勃起한
구근球根의 새싹을 보았습니다.
그것은 영원한 오르가슴이었습니다.

왜 그토록 문학에 매달리는가 묻습니까? 그것은 다 이루지 못한 사랑의 영원한 스킨십이고, 오르가슴이기 때문이 아닐까요?

# 아내의 탁자

아내는 부딪치기를 잘하였다. 탁자 모서리에도 부딪치고, 침대 모서리, 심지어 출입문 손잡이에까지 곧잘 허리께를 부딪치곤 하였다. 아내의 다리와 무릎에는 멍 자리가 그칠 날이 없었다.

나는 아내와 부부싸움할 때마다 아내의 그 부딪치기 잘하는 점을 끄집어내곤 하였다. 당신이 부딪치기를 잘하기 때문에 나한테도 그렇게 부딪치는 것이 아니냐, 그러니까 부부싸움의 원인은 당신한테 있는 것이라고.

그러면 아내는 갑자기 기세가 푹 꺾이면서, '그러니까 내가 부딪치지 않도록 해 주면 될 것 아니냐? 그런 것도 못해 주면서 무슨 남편이냐.'고 훌쩍였다.

아내의 평생소원은 햇빛 밝은 언덕 위에 빨간 기와집 한 채

짓고 사는 것이었다. 아내는 그런 집에 살지 못하기 때문에 자꾸 여기저기 부딪치게 되는 것이라는 듯 부부싸움할 때마다 햇빛 밝은 언덕 위 빨간 기와집 얘기를 끄집어내는 것이었다.

그러나 나는 아내의 그 같은 투정을 여전히 못 알아듣는다. 빨간 기와집에 살아도 탁자는 제자리에 있을 것이고, 책상도 거기 그냥 있을 것이며, 그리고 문고리야말로 똑같은 자리에 있을 수밖에 없지 않겠느냐? 내가 어떻게 아내가 그것들에 부딪치지 않도록 일일이 지켜보고 있다가 재빠르게 치워 줄 수 있단 말인가?

어쨌든 아내의 그렇게 부딪치기 잘하는 문제를 놓고 티격태격 다투며 사는 동안 우리는 또 한 번의 가을을 맞게 되었다. 이 가을이 지나고 겨울도 지나 다시 새봄이 돌아오면 우리 부부는 결혼 25주년을 맞게 된다.

우리 부부는 결혼생활 25년 동안 인생이 온통 울긋불긋 단풍 들도록 끊임없이 다투며 살아왔다. 나는 여전히 아내가 부딪치기를 잘하기 때문이라 하고, 아내는 내가 부딪치지 않도록 해 주지 않기 때문이라고 하면서.

그러던 어느 날이었다. 우리는 또 부부싸움을 하였다. 나는 또 다시 '당신이 아무데나 잘 부딪치는 버릇 때문에 지금도 나한테 부딪치는 것 아니냐, 그러니까 제발 좀 부딪치지 않도록 조심하며 살라고 윽박질렀다.

그러자 아내가 또다시 훌쩍이며 말했다.

"그래요. 나는 부딪치기를 잘해요. 탁자 모서리는 단골이고, 책상 모서리, 문고리까지 다 날 못살게 해요. 그런데 당신은 뭐예요? 당신이 탁자예요? 당신이 책상이에요? 당신이 문고리냐구요?"

# 고속도로 free way

한 명의 살인강도가 자동차를 타고
고속도로 free way로 도망갑니다
경찰차가 뒤쫓아갑니다
TV가 헬리콥터를 타고 따라갑니다
활동사진을 찍어 집집마다 보내줍니다
자동차는 빨간색 폭스바겐입니다
토끼처럼 예쁘게 생겼습니다
깡충깡충 잘도 뛰어갑니다
그러나 그 안에는 무서운 살인강도가 타고 있습니다

(어떻게 될까……?)

사람들이 서부활극 구경하듯 손에 땀을 쥐고 지켜봅니다
드디어 토끼는 숨이 차서 더 뛰어갈 수 없게 되었습니다
그 자리에 멈춰 섰습니다
경찰관들이 총을 겨누고 다가갑니다
탕, 탕,
하얀 연기가 폴싹폴싹 났습니다
강도는 죽었습니다

TV 앞에 모여 있던 사람들이
비로소 안도의 숨을 내쉬고
저녁 밥상으로 옮겨 앉아
감사의 기도를 드린 후 식사를 하였습니다

그런데,
왠지 밥맛이 없었습니다

며칠 후,
또 한 명의 도망자가 자동차를 타고
또다시 고속도로로 도망갔습니다
또다시 경찰차가 쫒아갑니다
또다시 헬리콥터가 활동사진을 찍어서
방송 해 줍니다

또다시 사람들이 지켜봅니다

(어떻게 될까……?)

그러나 이번에는 아무도 총을 쏘지 않았습니다
도망자는 산 채로 붙잡혔습니다
사람들이 불만스런 얼굴로 TV를 끄고
또다시 저녁 밥상에 둘러 앉아
또다시 감사의 기도를 드린 후
밥을 먹었습니다

그런데 웬일인지 이번에는
밥맛이 아주 좋았습니다


  이상은 어느 해 겨울 미국 캘리포니아 주 로스앤젤레스 인근에서 실제로 있었던 일이다. 나도 그때 그 TV를 지켜 본 사람 중 하나다.

# 말 씀

 건강보험 사무실에 보험료를 내러 갔다. 사무실에 들어서니 먼저 오신 할머니 한 분이 창구에서 일을 보고 계셨다. 사무실 안은 마침 점심시간인 듯 텅 비어 있고, 남자 직원 한 사람만 남아서 할머니 일을 봐 드리고 있었다.
 그 젊은 남자 직원이 할머니에게, "그러니까 가셔서 호적등본 한 장만 떼어 오세요. 그리고 오실 때 도장도 잊지 말고 가져 오시고요."라고 말하고 있었고, 할머니는 아까부터 한 말을 또 하고, 또 하고 있는 모양이었다.
 할머니의 말씀인 즉, 내가 여길 찾아오려고 얼마나 애를 썼는데 뭘 또 해 오라는 것이냐, 그냥 해 주면 될 걸 가지고, 라는 것이었다. 그런 할머니에게 젊은 직원은, '글쎄 안 해 드리겠다는 것이 아니고, 호적등본만 한 장 떼어 오시면 해 드릴 테니까 가셔서 호적등본 한 통만 해 오시라'는 같은 말을 반복하고 있었다.

그렇게 한 3분쯤 같은 말을 되주고받던 할머니가 젊은 직원이 다른 볼일 때문에 잠시 자리를 뜨자, 그제야 할 수 없이 창구 앞을 떠나면서, 그래도 차마 발길이 떨어지지 않는지 누구에게랄 것 없이 중얼거리신다.

"며늘 아아 나이가 스물아홉인디, 요새 아아들이 젊은 나이에 혼자 되야서 옛날처럼 시에미 모시고 살겄느냐 말여. 벌써 가뿌린 지가 언젠디 이제 와서 며늘 아아 얘길 허면 나보고 어쩌란 말여? 가뿌린 걸 잡아 올 수도 없고."

할머니는 누구라도 대꾸 좀 해 달라는 눈치셨으나 대기실에는 할머니 외에는 나밖에 없었으므로 결국 나 들으라고 하시는 말씀이었다.

내가 할 수 없이 아까 직원이 했던 얘기에 조금 보태서, '그러니까 할머니, 저 직원의 말이 안 해 드리겠다는 것이 아니고, 호적등본에는 며느리가 가고 없다는 사실이 다 적혀 있을 테니까 호적등본만 해 오시라는 거예요. 그러니 아무 걱정 마시고 가셔서 호적등본만 한 통 떼어 오세요.', 라고 대꾸해 드리자 할머니가 나의 대꾸에 반색을 하며 대답하신다.

"아들이 교통사고로 죽은 지가 5년이나 됐어요. 그러니 요즘 세상에 어느 젊은 아아가 지금꺼정 늙은 시에밀 모시고 집에 있겄는가 말이요. 벌써 가 뿌렀지요."

볼 일을 마치고 집으로 돌아오면서 생각한다. 할머니는 가서 호적등본 한 통 떼 오라는 직원의 말을 정말로 못 알아들으신 것일까? 아니면 아들이 죽은 후 떠나가 버린 젊은 며느리에 대한 푸념이 하고 싶으셨던 것일까?

왠지 다 아닐 것이라는 생각이 들었다. 할머니는 그냥 말씀이 하시고 싶으셨던 것이 아닐까? 무엇을 어떻게 해 달라는 것도 아니고, 단지 말의 숨통 좀 열고 싶다는, 그러니까 할머니가 필요하신 건강보험은 다른 무엇도 아닌 말의 숨통 좀 시원하게 열고, 말 숨 좀 크게 쉴 수 있게 해 달라는 것이었던 것이다.

# 지팡이

 나는 오늘 오래전에 돌아가신 부모님을 집으로 모시고 왔다. 시집가서 나처럼 늙으신 누님도 모셔오고, 오랫동안 행방을 알 수 없었던 친구들도 죄다 찾아내서 집으로 데리고 왔다. 그중에는 아득한 옛날 코흘리개 적 친구들도 있다.
 점심 도시락을 못 싸간 나에게 당신의 도시락을 반 뚝 갈라서 주시곤 하시던 국민학교(초등학교) 시절 담임선생님도 모셔오고, 젊은 날, 나 때문에 속 많이 끓이셨을 교회 담임목사님도 모시고 왔다.
 그리고 보니 오늘 내가 집으로 모시고 온 사람들이 참으로 많구나! 내가 지금까지 무사히 나다닐 수 있도록 무사고 운전을 하여 주신 고마우신 버스 운전기사님들, 택시 운전기사님들, 전철 운전기사님들, 그리고 저 까마득한 어린 시절의 전차 운전기사 아저씨들까지. 아참, 미국까지 몇 번씩이나 왔다 갔다 비행기를 태워주신 멋쟁이 조종사님들과 예쁜이 스튜어디스들도. 그 밖에, 동사무소 직원, 책방 주인, 음식점 종업원, 다방에서 차 심부름 해 주던 아가씨들까지.

내 평생 감기 몸살을 치료해 주신 고마우신 의사 선생님들은 말할 것도 없고, 그 밖에도 여러 가지로 나를 위해 가르쳐 주시고, 이끌어 주시고, 도와주신 선생님들, 선생님들……. 그리고 지금도 날마다 우리 동네 쓰레기를 깨끗하게 치워주시는 환경 미화원 아저씨들까지. 우리 집은 오늘 내가 평생 의지하고 살아 온 여러 고마우신 분들로 가득 차고 넘치는 잔칫상이 벌어졌다.

오늘은 나이 든 후 시큰거리기 시작한 무릎을 위하여 지팡이를 사 가지고 온 날이다.

# 어떤 통증

거리에서 사가지고 온 사과 봉지 밑의 사과가 썩은 것임을 알게 되었을 때, 가슴에 어떤 통증을 느낀다. 내 평생에 내가 남에게 얼마나 많이 배암이 되었으면 그중에 한 마리가 나에게로 돌아왔을까.

길을 가던 사람이 내 등 뒤에서 가래침을 크윽 돋워 카악 뱉을 때, 가슴에 어떤 통증을 느낀다. 내가 얼마나 세상을 더럽히며 살았으면 길 가던 사람마저 내 등 뒤에 대고 가래침을 카악 뱉을까.

자주 다니는 산길에 어느 날, '이곳에 개를 다리고 다니는 사람은 개다'라는 서툰 글씨가 써 붙여진 것을 보았을 때, 가슴에 어떤 통증을 느낀다. 문득, 지금까지 살아 온 내 인생이 저 서툰 글씨의 낙서 같은 것이 아닐까, 라는 생각이 들었기 때문이다.

동네 길 모퉁이에 '이곳에 쓰레기를 버리는 자는 삼대가 망한다.'는 문구가 붙여져 있는 것을 보았을 때, 가슴에 어떤 통증을 느낀다. 내가 지금 금성이나 화성에 와 있는 것은 아닐까. 혹은 사람들이 나를 E.T. 같은 우주 괴물로 보는 것은 아닐까, 하는 생각이 들었기 때문이다.

축구공처럼 떼굴떼굴 굴러가게 생긴 동네 아주머니가 처음으로 걷기 운동을 하는 것을 보게 되었을 때, 가슴에 어떤 통증을 느낀다. 개똥밭에 뒹굴어도 이승이 저승보다 낫다는 말이 왜 이런 때는 오히려 슬프게 느껴지는 것일까.

50대 후반쯤 되어 보이는 늙은 택시 기사가 한적한 길가에 급히 차를 세우고 모퉁이로 뛰어가 참았던 방뇨를 하는 모양을 보았을 때, 가슴에 어떤 통증을 느낀다. 6·25 피난 시절, 중풍 든 엄마가 손발을 떠시며 얻어 오시던 밥 바가지 생각이 왜 하필 이런 때 불쑥 떠오르는 것일까.

혼자 사는 노인이 기르는 개를 똥 뉘러 나오는 것을 보게 되었을 때도, 아이들이 뛰어놀고 있는 공원 구석진 자리에 아까부터 혼자 앉아 있는 노인을 보게 되었을 때도 똑같이 가슴에 어떤 통증을 느낀다. 다 파먹고 문밖에 내놓은 빈 짜장면 그릇이 생각나서.

날이 어둑해질 무렵까지 차가운 길바닥에 푸성귀 몇 점을 놓고 팔고 있는 할머니와 시선이 부딪치는 순간, 가슴에 어떤 통증을 느낀다. 계절이 가을로 접어든 지 오래되었는데도 어디선가 꿈속인 듯 들려오는 매미 울음소리가 생각나서.

낙엽 밟히는 바스락 소리에도 어떤 통증을 느낀다, 라고 사람들이 수천, 수만, 억, 억 번도 더 느꼈을 똑같은 느낌을 나도 메모해 놓은 글을 보자, 문득, 발밑에 밟혀 부스러지는 낙엽 소리를 정말로 누군가의 비명 소리로 들었을까, 정말로 썩은 사과 한 알을 나에게 되돌아 온 배암 한 마리로 여겼을까, 정말로 내가 세상을 너무나 많이 더럽히며 살았기 때문에 길거리 사람들마저 내 등 뒤에 대고 카악 가래침을 뱉는 것이라고 생각한 것일까, 의심이 들며, 그만 지금까지 쓴 모든 거짓말들을 다 지워버리고 싶어진다.

(그러나 다음 글을 써 놓은 후 지워버리지 않기로 한다. 내가 쓴 글들이 졸작인 것은 맞지만 거짓말은 아니라는 사실을 깨달았기 때문이다. 왜냐하면 내가 쓴 글들은 모두 시詩·창작였기 때문이다.)

이른 아침 외출하다가 길바닥에 나뒹굴고 있는 '몸을 팔아 달라'는 젊은 여자들의 벌거벗은 전단 사진을 아차 피하지 못하고 그만 밟고 지나가게 되었을 때, 가슴에 어떤 통증을 느낀다. 그 순간, 중학 시절에 읽은 슈바이처 박사의 '나는 살고자 하는 생명체 속에 둘러싸인 살고자 하는 생명체다.' 라는 말이, '나는 언제 저들의 살고자 하는 몸부림을 한 번이라도 팔아 준 일이 있었던가?' 라는 말로 들려왔기 때문이다.

# 모란꽃

 산책에 나설 때마다 빠트리지 않고 준비하는 것이 메모지였다. 그런데 오늘은 산길 초입에서부터 메모할 거리가 자꾸 생각나서 가져간 메모지가 금방 바닥이 나고 말았다. 큰일이다. 아직 하우고개까지는 반도 오르지 못하였는데.
 우리 동네 뒷산聖住山은 하우고개를 중심으로 인천 쪽으로 뻗은 산과 서울 방향으로 뻗은 산으로 나뉘어져 있다. 하우고개 위 구름다리에서 북쪽으로 시선을 냅다 돌팔매질하면 부천 시가지에 가서 떨어지고, 남쪽으로 고개를 돌리면 시흥 시가지가 한 달음에 공중에 대롱대롱 매달려 올라온다.
 그 하우고개 위에는 포장마차 두어 대가 있었다. 고개를 넘는 운전기사들과 오가는 등산객들 목이나 축이고 가라고 음료수 등 간단한 먹거리를 파는 곳이었다. 그런 곳에 문방기구가 있을 리 없겠지만 그래도 혹시 아는가.

 이러나저러나 아직 한참은 더 올라가야 고개가 나오는데 메모할 거리는 머릿속에서 오줌 마려운 듯 옴찔대고……, 길가에 떨어진 휴지 조각이라도 있을까 여기저기 기웃거려 보았지만 오늘 따라 찢어진 신문지 한 조각도 눈에 띄지 않았다.

 그렇게 초조한 걸음으로 걷는 동안 드디어 하우고개에 이르렀다. 급히 포장마차로 다가가 메모지 파는 것 있느냐 물으니 40후반쯤 되어 보이는 주인아주머니가 이런 걸 찾느냐며 심드렁한 표정으로 자기네가 쓰는 메모지를 들어 보였다.

 바로 그거라고, 그거 파는 것 있느냐, 물으니 없다고 대답하는 표정이 여전히 시든 배춧잎 같기는 마찬가지였지만, 그래도 말만 잘하면 두어 장 쯤 떼어 줄 듯 한 눈치이기도 하였다. 내가 잠시 무슨 말로 저 아주머니의 메모지 두어 장을 꼬셔내서 바람나게 할 수 있을까, 생각하다가,

 "산보하다가 연애편지에 쓰면 딱 좋을 모란꽃 같은 문구가 생각나서 잊어버리기 전에 적어 두려고 그러는데요."
라고 한 후, 그것 두어 장만 떼어 줄 수 없겠느냐 하였더니, 아까 내가 메모지를 찾을 때부터 내 쪽으로는 눈길도 주지 않고 자기네가 쓰던 메모지만 마지못해 휙 들어 보이던 그 40중반의 피곤에 지친 아줌마의 얼굴이 갑자기 가뭄 끝에 단비 만난 꽃밭처럼 활짝 피어나더니 고개를 번쩍 들고 나를 건너다보는 게 아닌가?

그러더니 덕수궁의 모란꽃보다 더 화려한 웃음을 가득 머금고, '어머, 세상에! 어쩜 그런 야들야들한 말씀을…….' 이라는 표정으로 메모지를 반이나 뚝 떼어주는 것이었다.

나는 지금 그 아주머니의 야들야들한 모란꽃 위에다 이 글을 메모하고 있는 중이다.

별

2

잃어버린 장난감
나팔꽃
팜므파탈
별
초콜릿
색맹色盲
사소함에 대한 사소한 변명

# 잃어버린 장난감

두 사람이 벌거벗었으나 부끄러워 아니하니라.(창세기 2장 25절)

가만히 있어도 숨이 턱턱 막힌다. 염천炎天에 개 혓바닥이라더니 딱 맞는 말이다. 옥탑방이라 더한가 보다. 방문 앞 그늘막 아래 나가 앉아 있어도 땀이 줄줄 흐른다. 팬티마저 홀라당 벗어 버리면 한결 시원할 것 같은데 방 보러 오겠다는 사람이 있으니……, 하필이면 이런 날……, 방 보러 다니기는 덥지 않나. 할 수 없이 벗고 있던 윗몸에 헐렁한 러닝셔츠를 걸치고, 아래는 팬티 대신 홑겹 실내복으로 갈아입었다.

잠시 후 복덕방 여자가 나이 60 초반쯤 되어 보이는 부인을 데리고 옥탑으로 올라온다.

"이 집 아저씨가 사무실을 얻어가게 돼서 방이 난 거예요. 이 더운 여름에 아주 잘 나온 물건이지요. 이 골짜기가 바람맞이 음지라 시원하고, 단독으로 사용하니까 넓게 사용할 수 있어 좋구, 아주 끝내줘요."

복덕방 여자가 안내해 온 부인에게 하는 말이었다. 따라 온 부인은 뚜릿뚜릿 둘러만 볼 뿐 가타부타 말이 없었다. 복덕방 여자가 보여주는 대로 안방, 곁방, 부엌, 화장실을 차례로 기웃기웃 들여다본 후에도 싫다 좋다 표정에 변화가 없었다. 들고 있는 손수건으로 연신 이마의 땀을 닦아내는 것이 유일한 자기표현이었다. 더위라도 먹었나…….

그렇게 말없이 둘러보고 간 후 7, 8분이나 지났을까. 위에 걸쳤던 러닝셔츠를 막 도로 벗어 던지려는 참인데 그 부인이 다시 옥탑으로 올라온다. 이번엔 혼자였다. 복덕방 여자와 헤어져 가다가 다시 돌아온 모양이었다.

"한 번 더 볼려고요."

부인이 하는 말이었다. 말 못하는 여자는 아니었는가 보다.

"그러세요. 들어가 보세요."

방문 밖 그늘막에 앉아있던 그대로 대답해 주었다. 부인은 방으로 들어가 아까 둘러 본 안방, 곁방, 부엌을 또다시 뚜릿뚜릿 둘러보는 눈치였다. 안방과 곁방 중간에 서서 이 방 저 방 둘러보던 부인이 무심코 그러는 듯 홀러덩 허리춤을 내린다. 불두덩이 시꺼멓다. 들고 있던 손수건으로 두어 번 불두덩

털에 대고 부채질을 한 후 태연히 허리춤을 도로 올린다. 일순간의 일이었다.

 밖으로 나온 부인이 그늘막 아래 놓인 탁자 앞에 앉았다.
 "이사 할지 안 할지는 물어 보아야 돼요."
 부인이 하는 말이었다.
 "그렇게 하세요."
 부인이 어디론가 전화를 한다.
 "맘에 들기는 하는데, 그래두 자기가 한 번 와 봐야지."
 말하는 투로 보아 전화를 받는 쪽은 남자인 것 같았다.
 통화를 마친 부인이,
 "혼자 살아도 여자들이 잘 안 주죠?"
 마치 아까부터 주고받던 이야기를 이어가듯 하는 말투였다. 조금 아까 허리춤을 훌러덩 내리고 불두덩을 식히던 여자가 하는 말이었으므로 '여자들이 잘 안 주죠?'라는 말이 무슨 뜻인지 금방 알아듣기는 하였지만 그 여자의 시꺼먼 불두덩 털을 무심코 보게 되었을 때처럼 감각이 기절을 하여버렸는지 대꾸할 말이 생각나지 않았다. 그러자 부인이 저쪽 뒤쪽은 무엇이 있느냐고 물었다.
 "화장실 뒤쪽인데 비어 있어요. 허드레 물건 내놓을 공간은 있으니까 이쪽으로 돌아가 보세요."
 마주 앉아 있던 부인이 일어나 '이쪽으로 돌아가 보라'고 한 말 대로 앞을 지나가다가 덥석 내 자지를 만져보고 지나간다.

그런 일이 일어나리라고 상상도 못한 상태에서 당한 일이었다.

화장실 뒤쪽을 잠시 둘러 본 부인이 금방 다시 앞을 지나가며 또다시 덥석 자지를 한 번 더 만져보고 지나간다. 설마 또 만지랴 방심한 중에 재차 당한 일이었다.

"아직 꽤 크네요……. 그래두 여자들이 잘 안 주죠?"

그 말은 자기는 달라면 한 번 주겠다는 뜻인 것 같았다. 그러나 아까처럼 눈앞이 하얗고, 귓속이 멍할 뿐 아무 대꾸할 말이 떠오르지 않았다. 아까 그 여자가 방 안에서 허리춤을 훌러덩 내리고 털 난 보지를 식히던 일이며, '여자들이 잘 안 주죠?'라고 하던 말, 그리고 처음 보는 남자의 자지를 장난감이라도 가지고 놀듯 갈 때 한 번 만져보고 올 때 한 번 만져보고 한 일들이 실제로 있었던 일이 아니고, 비몽사몽간에 들여다 본 원시原始적 장난인 듯 눈앞이 몽롱할 뿐이었다. 원시인들은 가지고 놀 게 그것밖에 없었을 테니까 그랬을는지 모르지만, 지금 이곳이 TV에 나오는 아마존 원시 부족 마을도 아니고, 태양이 폭발이라도 한 듯 뜨거운 대낮, 대도시 한복판에서 현대인이 그런 원시 적 장난을 칠 리가 없지 않은가!

그러나 내가 정작 머릿속이 하얘진 까닭은 다른 데에 있었다. 그동안 사람의 몸에 있다는 은밀한 곳이라는 게 심청이가 빠져 죽은 인당수 깊은 물속이나 고상돈 대장이 오르다 조난 당했다는 맥킨리 봉 어느 험준한 골짜기처럼 다른 사람은 접

근조차 불가능한 곳에 꽁꽁 숨겨 놓은 것인 줄로만 알고 살아 왔는데 생전 처음 보는 그 여자는 단번에 내 자지 있는 곳을 정확하게 포착해서 갈 때 한번 만져보고 올 때 한 번 만져보지 않았는가? 홑겹이지만 옷을 입고 있었는데도 말이다.

나는 그동안 무슨 생각으로 대통령과 검찰총장은 불알도 없는 줄 알고, 심지어 목사님과 스님이 되면 불알 같은 것은 아예 없어지는 줄 알고 살아왔던 것일까? 집에서 기르는 강아지도 똥 오줌 냄새는 물론 남성 분비물, 여성 분비물까지 코가 삐뚜러지도록 날마다 맡고 있을 그걸 겨우 헝겊 쪼가리 한 장 안에 감추고 살면서도 가장 아닌 체, 불알 같은 건 아예 실종신고라도 낸 듯 살아오지 않았는가.

알고 보면, 알고보고 말고 할 것도 없지만, 대통령의 불알도, 검찰총장의 불알도, 목사님의 불알도, 스님의 불알도 모두 다 뻔한 곳에, 겨우 한 팔 길이 안에 달려 있는 것들이었던 것이다. 저 이름도, 온 곳도 알 수 없는 낯선 부인처럼 누구라도 갈 때 한 번 만져보고 올 때 한 번 만져 볼 수 있는.

그렇다면 요즘 눈만 떴다 하면 눈앞이 시끄럽고, 귓구멍이 답답하고, 콧구멍까지 어지러워 죽을 지경으로 떠들어대고 있는 성희롱범죄性戱弄犯罪라는 건 도대체 뭘 가지고들 그러는 것일까. 그게 무슨 책장인가 벽장인가 하는 걸로 감쪽같이 위장해 놓았다는 재벌 집 금고를 귀신같이 털었다는 것도 아닐 테고……. 그렇다고 방을 보러 온 그 여자처럼 불시에 남의 남자 자지를 두 번씩이나 덥석 만져보는 추행醜行을 했다는 것도 아닐 텐데……. 그러나 나는 그 여자를 성희롱은 물론 성추행으로도 고발은커녕 나무랄 생각조차 없었다. 그 여자의 태도로 보아 범의犯意를 가지고 한 짓이 아니고 장난戱弄이 좀 지나쳤을 뿐임이 분명해 보였기 때문이다. 개도 장난인지 아닌지를 알아보고 짓을 때와 아닐 때를 분간할 줄 아는데 내가 개만도 못한 놈이 될 수야 없지 않느냐? 더구나 이렇게 헤까닥 하기 일보 직전의 무더운 날이면 누구라도 훌러덩 벗어던지고 에덴동산으로 돌아가 자지 보지 있는 대로 다 내어 놓고 물장구라도 치고 싶어지는 것이 인간의 원초적 꿈이 아닌가?

인류가 원시 때부터 가지고 논 장난감이라고는 달랑 그것 하나뿐인데……. 성희롱 재판을 하고 돌아간 판사도 그날 밤 그걸 가지고 놀 테고, 낮에 침방울 튕겨가며 음란죄 설교를 한 목사도 그날 밤 그걸 가지고 놀 것이 뻔하지 않은가. 씹에서 태어난 자들이 씹 안 하고 사는 것처럼 행세하는 것보다 더 무지하고 가증스런 위선이 무엇인가? 그 위에다가 이제는 '성희롱죄'라는 주홍글씨마저 북북 그어댄다? 뭐야? 이제는 고만 인간사마저 폐업하고 말자는 것인가?

"며칠 있다가 다시 오게 되면 올게요."

그렇게 말하고 부인이 돌아 간 후 앉아있던 자리에서 한동안 이런 생각에서 깨어나지 못하고 있었다. 그러다가 갑자기 후닥닥 일어나 걸치고 있던 홑겹 아래 위마저 훌훌 벗어 던지

제2부 별 37

고 말았다. 세상에! 원시 때도 이렇게 더웠을까······.
 그때 어디선가 들려오는 환청幻聽.

(어? 어? 너 그러면 바바리맨 되는 거 몰라?)

 이건 또 무슨 소린가? 태양 앞에 벌거벗어도 바바리맨이라구? 놀구들 있네······!

# 나팔꽃

　동네 철물점에서 가르쳐 준 철망만 전문으로 판다는 가게는 소사역 근처에 있다고 하였다. 집에서 부천역까지는 날마다 산보를 다니는 길이지만 소사역까지는 걸어서는 좀처럼 갈 일이 없어 전철이나 버스를 타고 지나던 길이었다. 그래도 처음 찾아가는 그 가게를 찾아나서는 일이 조금도 짜증스럽지 않았다.
　장마 뒤끝이라 아직 비구름이 잔뜩 끼어 있었지만 내일쯤 갤 것이라는 일기예보가 맞으려는지 벌써부터 끈적끈적한 날씨였다. 집에서 부천역까지 가기도 전에 속옷이 땀으로 흠뻑 젖고 있었다. 그러나 아침에 창문을 열고 내다 본 담 밑의 나팔꽃은 오늘은 세상없어도 철망을 사다 세워주지 않으면 안 될 형편이었다. 나팔꽃 줄기가 더 이상 타고 올라갈 의지대가 없어서 빤빤한 담벼락에 안간힘을 쓰며 달라붙어 보려고 맨손으로 허공을 휘젓고 있었던 것이다.

두어 달 전 화분에다 나팔 꽃씨를 심을 때부터 당연히 이런 날이 올 것을 머릿속에 예상하고 어떻게 해 주면 나팔꽃이 힘차게 줄기를 뻗으며 올라 갈 수 있을까, 아침마다 창문을 열고 내다보며 궁리를 했었다.

그런 어느 날, 동네 철물점에 못을 사러 갔던 길이었던가, 아니, 전기 소케트를 사러 갔었지 아마. 철물점 밖에 버릴 물건인 듯 아무렇게나 나뒹굴어져 있는 철망 쪼가리를 보는 순간, '아, 바로 저거다!'라는 생각이 들었다. 저렇게 구멍이 널찍널찍 뚫린 철망을 갖다 세워주면 나팔꽃이 철망 구멍마다 총총히 감고 올라가서 녹색의 부챗살 모양이 만들어질 것이 아니겠는가.

반가운 얼굴로, 저거 팔 것이냐, 철물점 주인아주머니에게 물었더니 아니라고 하였다. 자기네는 철망은 취급하지 않는데 어디 쓸 데가 있어 사온 것이라며, 예의 그 소사역 근방에 있다는 철망만 전문으로 판다는 가게를 가르쳐 주었다. 그것이 벌써 한 보름 전쯤의 일이었던가.

그때는 집안에 굴러다니던 막대기 두엇을 찾아내서 먼저 줄기를 뻗기 시작한 나팔꽃부터 지지대를 꽂아 주었던 터라 서둘러 철망 집을 찾아 나서지 않았다. 그런데 한 이틀 전쯤 나팔꽃 줄기가 한 팔쯤 되는 막대기 끝까지 얼추 뻗어 올라갔었는데 오늘 아침에 일어나 창문을 열고 내다보니 그 사이 또

한 뼘이나 웃자라서 허공에 대고 손을 휘젓고 있었던 것이다.

이사를 하기 위해 집을 보러 왔던 첫날 그 자리에서 이사 결정을 하게 된 몇 가지 좋은 점 중 하나가 바로 창문 밖 담장 밑에 화초를 기를 만한 공간이 있다는 것이었다. 창문 밖으로 사람 하나 다닐 만한 공간을 두고 이웃집과 사이에 한 길이 훨씬 넘는 높은 담장이 서 있었는데 그 담장 밑으로 화분을 쪼르르 한 줄로 올려 놓을 만한 턱이 세워져 있었던 것이다.

이사하자마자 화분을 사다 나르고, 비닐봉지를 들고 뒷산에 올라가 흙을 파오고, 동네 꽃집에 가서 거름을 사 오는 등 화초 가꿀 준비를 하였다. 그 소식을 들은 한 동네에 사는 문우文友가 자기네 집 옥탑 화원에서 작년에 받아 둔 나팔꽃 씨 남은 것이 있다며 갖다 준 것이 두어 달 전쯤의 일이었다. 그 나팔꽃이 지금 창문 밖 담장을 반이나 넘게 막대를 타고 올라가고 있었던 것이다.

철망만 전문으로 판다는 가게가 있다는 소사역 근방은 소사초등학교 근처에 볼 일이 있을 때마다 버스를 타고 지나다니던 곳이라 생판 낯선 곳은 아니었다. 그곳은 공장이나 건축 관계 일을 하는 사람들이 필요로 하는 공구라든지, 타일 등의 물건을 파는 가게들이 모여 있는 곳이었다. 동네 철물점에서 그곳에 철망만 전문으로 파는 가게가 있다고 가르쳐 주었을 때 그래서 금방 알아들었던 것이다.

그러나 공장에서 쓸 공구도 아니고 건축할 때 쓸 물건도 아닌 나팔꽃 줄기가 타고 올라갈 철망 쪼가리를 사러 가는 길인데, 철망을 그렇게 조금씩 끊어서도 팔까? 그것이 걱정이 되었다. 그리고 무엇에 쓰려고 그런 쪼가리 철망을 찾느냐고 하면 무엇이라고 대답하지? 나팔꽃 줄기가 타고 올라갈 지지대를 만들어 주려고 그런다면 이 더운 날 땀 뻘뻘 흘리며 별난 노인 다 봤다고 웃을지도 모르는데. 다행히 누가 사 가고 남은 쪼가리라도 마침 있다면 그나마 사고파는 절차가 수월할 텐데. 남은 쪼가리니까 이런 저런 용도를 물을 것도 없이 얼른 팔아 버릴 테니까 말이다.

그런 생각을 하며 두리번거리면서 가게 앞에 철망을 내놓고 팔고 있는 집을 찾아가고 있는데 마치 어젯밤 꿈속에서라도 본 듯한 모양의 잔뜩 쌓여있는 철망이 눈에 들어오는 것이 아닌가. 그런데 이만큼 댓 발작쯤 떨어진 곳에서부터 틀림없이 쪼가리 철망처럼 보이는 것이 문 밖에 세워져 있는 것도 보였다. 한달음에 다가가 정말로 쪼가리 철망인가 꺼내 보았다. 틀림없이 잘라 쓰고 남은 철망쪼가리였다. 그리고 기가 막히게도 어림짐작으로 사방 한 팔쯤 크기였으면 좋겠다고 생각한 바로 그만한 크기였다.

밖에서 웬 늙은이가 철망 쪼가리를 만지작거리는 것을 내다보고 있던 50줄에 들어선 듯한 깡마른 사내가 안에서 나온다. 그를 향해, 이거 얼마냐, 대뜸 물었더니 사내가, "그거 뭐 5천 원만 내고 가져가세요." 그런다. 사내의 대답에 아무 소리 안

하고, 여기까지 오는 동안 생각하였던 그대로, 무엇에 쓰려고 그러느냐고 묻기 전에, 얼른 만 원 짜리 한 장을 꺼내 주었다.

그런데 사내가 거스름돈을 가져오기 위해서 가게 안쪽으로 들어갔다가 나오는 잠깐 사이에 갑자기 마음이 바뀌며 전혀 생각지 않은 들뜬 기분이 되는 것이 아닌가. 사내가 건네주는 거스름돈을 받으며 갑자기, "이거 무엇에다 쓰려고 그러는지 아세요?"라고 아까는 물어보면 어쩌나 걱정했던 말을 스스로 토하고 말았던 것이다. 사내도 기분이 좋았던지, 쓸모없는 쪼가리를 5천 원이나 받고 팔게 되었으므로, "무엇에 쓰려고요?" 반문한다. 사내의 건성으로 되묻는 말에, "나팔꽃 타고 올라가라고 지지대로 세워 주려고 그래요." 라고 부끄러워하기는커녕 자랑스럽게 말하였다.

그리고 돌아서는 순간이었다. '흥! 진작에 좀 그렇게 할 것이지!'라고 누가 내 귓구멍에다 대고 쏘아붙이는 것이 아닌가? 그 갑작스런 핀잔에 기가 막혀서 '허, 허,' 헛웃음을 터트릴 수밖에 없었다. '흥! 진작에 좀 그렇게 할 것이지!', 라고 바로 옆에서 쏘아붙이듯 한 그는 다른 사람 아닌 10년도 더 전에 집을 나간 아내였기 때문이다.

아내의 그 말은 25년 결혼생활 동안 귀에 못이 박히도록 듣고 또 들은 말이었다. 그러나 아내가 마침내 집을 나가버릴 때까지 일에만 미쳐서 돌아가는 빤빤한 담벼락 같은 남편에게 어떻게 하든지 달라붙어 보려고 무진 애를 쓰면서 맨손으로 허공을 휘젓던 아내의 손짓을 알아보지도, 알아듣지도 못했던 것이다.

  지금은 아침마다 창문을 열면 저렇게 환하게 눈에 보이기도 하고, 귀에 들리기도 하는, '내가 기대고 뻗어 올라갈 수 있도록 지지대를 좀 세워 주세요!' 라고 외치는 나팔꽃의 손짓이 그 때는 왜 그토록 깜깜 절벽으로 안 보이고, 안 들렸던 것일까.

# 팜므파탈

 그녀가 나타나기 전 나의 산책길은 평온하였다. 누구를 만날 일도 없었고, 빠트리면 안 될 무슨 일거리가 있는 것도 아니었다. 집에 마실 물이 떨어졌다면 돌아오는 길에 물이나 한 병 사오면 되었다. 오전 내내 일에 몰두하다가 나서는 산책길이었으므로 집중해서 무슨 생각을 할 일도 없었다. 오히려 머리를 식히는 것이 산책의 목적이기도 하였다.
 그런 나의 산책길, 그것도 딱 중간 지점에 그녀가 나타난 날부터 모든 것은 엉망이 되어버리고 말았다. 더 이상 고혈압 약을 먹을 필요가 없을 정도로 안정되었던 나의 심장은 산책에 나서기 전부터 대책 없이 벌렁벌렁 뛰었고, 졸린 고양이 눈처럼 풀어졌던 눈동자는 욕망으로 충혈되어 부끄러운 줄도 모르고 이글이글 게거품을 물게 되었다. 발정기를 맞은 들짐승과 조금도 다를 것이 없었다.

　날마다 오후가 되면 그녀를 만나러 갈 생각으로 일이 손에 잡히지 않았다. 아직 산책 시간이 멀었는데도 그녀의 허벅지를 걷어올린 뇌쇄적인 자태가 눈앞에 어른거려 일이 진척이 안 되었다. 생각만 해도 온몸이 빨려들어 갈 듯한 그녀의 할딱거리는 입술, 삭신이 흐물흐물 풀어져 버릴 듯한 몽실몽실한 젖가슴, 그리고 오오, 뭉게구름 속에 안긴 듯한 그녀의 풍만한 엉덩이의 살인殺人적인 유혹. 그녀의 바닥이 닿지 않는 깊은 바다에 한 번 풍덩 빠지기 위해서라면 무엇이든 다 갖다 바쳐도 좋다.

　이 나이에 살면 얼마나 더 산다고 무엇을 아낀단 말인가. 돈? 명예? 또 뭐야? 말만 해! 뭐든지 그녀를 얻기 위해서라면 갖다 바치지 못할 것이 없었다. 이 세상에 사람으로 태어나 그녀를 그리워하기 시작한 소년시절부터 한시라도 그녀를 잊고 산 일이 있었던가? 그녀에 대한 나의 사랑은 때와 장소를 가리지 않았다.

　전철에서는 누가 보든 말든 전류처럼 온 신경을 구석구석까지 타고 흐르는 그녀의 할딱거리는 향긋 달착 사르르 녹는 입술을 빨고 더듬었고, 거실에서는 그녀의 젖가슴에 얼굴을 묻고 오수午睡처럼 오금이 재근재근 재려오는 몽롱한 쾌감에 빠져 시간 가는 줄 모르기 일쑤였으며, 잠자리에서는, 오, 오! 어찌 그럴 수가 있단 말인가. 이 세상 무엇이 내 온몸과 영혼을 그 같은 절대 쾌감으로 한순간에 불살라 버릴 수 있단 말인가. 훨훨 타오르는 산불 같은 그녀의 풍만한 엉덩이 불길에 휩싸여 함몰되는 순간, 온 우주를 끌어안고, 끝 모를 나락으로 떨어지는 듯한 죽음의 쾌감 같은 무아지경의 희열! 거기 넋을 쑥 빼앗기고 살아온 것이 내 한평생이 아니었더냐.

그런 그녀가 다시 나의 산책길에 나타난 것이다. 살 떨리고, 온몸의 핏줄이 풀어지고, 뼈가 흐물흐물 녹아내리지 않을 수 없는 일이었다. 그녀가 나의 산책길에 나타난 지난 수개월 동안 나는 벌써 적지 않은 돈을 그녀에게 갖다 바쳤다. 그리고 날마다 그녀의 치명적인 매력을 사왔다.

나는 이제 하루라도 그녀를 만나러 가지 않고는 살아갈 수 없게 되었다. 마약에 중독되어 눈알이 뒤집히고, 노름에 미쳐 날뛰는 것과 무엇이 다르랴.

그러나 나는 조금도 후회하지 않는다. 누가 미쳤다고 손가락질해도 겁날 것 없다. 그 나이에 이제 고만 그 짓에서 손을 떼고 편하게 살다 가야 하지 않겠느냐고, 어쩌자고 그 나이까지 게걸스럽게 그 짓을 탐하느냐 흉을 봐도 좋다.

인생 한 번 살지 두 번 사느냐. 이 세상에 그녀 보다 더 좋은 것이 무엇이 있었더냐? 나이 70 넘도록 인생을 살아보았지만 그녀보다 더 좋은 것이 아무것도 없었다. 아담 할아버지의 말이 맞았던 것이다. '이는 내 뼈 중의 뼈요, 살 중의 살이라.'

다른 것은 다 왔다가 떠나가고, 있다가 없어지고, 꽃처럼 눈

앞에서 아양 떨다 뱀처럼 표독스럽게 돌변하였지만 오직 그녀만이 소년시절부터 변함없는 내 뼈 중의 뼈요 살 중의 살이었던 것이다. 한 번밖에 못 사는 인생, 내 뼈 중에 뼈, 살 중의 살에 빠져 세월 가는 줄 모르고 사는 이것보다 더한 행복, 더한 보람이 무엇이냐? 그녀가 없는 세상은 나에게는 이제 개똥밭도 아니다. 이 세상이 설사 개똥밭이라도 나에게는 오직 그녀가 있기 때문에 살 이유도 살맛도 나는 것이다.

그리하여 나의 산책길은 더 이상 산책길이 아닌 오직 그녀를 만나기 위해서 헐레벌떡 달려가는 바람난 길이 되고 말았다. 오늘은 또 어떤 거부할 수 없는 치명적인 매력으로 가슴을 풀어헤쳐 보여 줄 것인가, 오직 그 한 가지 생각에 온 정신이 토네이도에 휘말린 듯 아무것도 눈에 보이는 게 없었다.

그리고 오늘 마침내, 나는 그녀의 《팜므파탈》*을 통째로 사오고 말았다. 그것도 아주 싼값에.

몇 개월 전부터 우리 동네에 나타난 대형 중고서점은 소년시절부터 나의 온 생애를 불살라 온 치명적인 팜므파탈이다.

* [팜므파탈] Femme Fatale -치명적인 여인들의 거부할 수 없는 유혹
이명옥 저 ㈜시공사 발행 값16,000원 (중고서적 값 5,800원)

# 별

 다음은 신도림 역이라는 안내 방송을 듣고 내릴 준비를 하기 위해 돌아 선 순간이었다. 아뿔싸! 이를 어쩌나! 돌아서고 보니 웬 낯선 부인과 정면으로 딱 마주치지 않는가!
 부천에서 1호선 전철을 타고 신도림역까지 가서 그곳에서 2호선으로 갈아타고 교대역까지 갈 예정이었다. 토요일인데도 사람이 꼭꼭 끼게 많았다. 옆 사람과 어깨가 엇비끼고, 뒷사람과 등이 부딪고, 옆구리가 찔리고, 팔 둘 곳마저 마땅치 않았다.
 한 십여 분쯤이나 되었을까. 그렇게 꼭꼭 낀 승객들 틈에서 시달린 후 마침내 다음이 신도림역이라는 안내 방송이 흘러나왔고, 차내가 붐비는데 내리는 문이 오른쪽이라고 하니 미리 내릴 준비를 하는 것이 좋을 듯싶어 문이 있는 뒤쪽으로 돌아섰던 것이다. 그런데 웬 낯선 부인과 정면으로 딱 마주서게 되었으니, 어허! 이런 낭패가 있는가, 도로 돌아서는 것도 면구스런 일이고……, 30초 정도만 더 가면 차가 정차할 텐데.

다행히 그 부인과의 사이에는 한 뼘쯤의 여유가 있어서 옷깃은 닿았겠지만 몸은 밀착 상태는 아니었다. 부인의 키도 오래전 아내보다 작은 편이어서 얼굴을 맞대고 서 있어야 되는 위치는 아니었다.

순간적으로 그런 사실들을 확인하고 30초만 그대로 시치미를 떼고 가기로 작정한다. 일부러 마주선 것이 아니라는 사실은 그 부인도 잘 알 것이 아닌가. 방금 전, 다음 역이 신도림이라는 안내 방송이 나온 다음에 뒤돌아선 것을 부인도 보아 알았을 터이고, 차가 목적지에 닿을 때쯤이면 누구나 미리 내릴 준비를 하는 것이 관행이니까.

한 치 앞 정면에 닿을 듯 서 있는 눈부시게 환한 얼굴의 낯선 부인의 존재를 잊어버리기라도 하려는 듯 이런 생각들을 머릿속에서 빠르게 회전시키고 있는 사이에 그 길고 오랜(?) 30여 초의 시간이 지나가고 마침내 전철이 속도를 늦추기 시작하였다.

1차로 속도를 감속하고,
2차로 속도를 감속하고,
더 늦추고……,
오! 오!
전철이 정차하기 위해서 속도를 줄이는 시간이 이렇게도 길고 지루한 시간인 줄을 예전에는 미처 몰랐었는데······.

그렇게 길고 지루한 정차 과정도 지나가고, 마침내 전철이 완전히 정차하여, 드디어 이 난감한 처지에서 벗어나게 되었다 싶은 바로 그 순간이었다.

와!

전철이 멈춰 서는 순간 기우뚱하는 반동으로 차내가 일시 요동치는가 싶었는데 세상에, 이럴 수가 있는가! 바로 앞 정면에 서 있던 그 밝고 환한 얼굴의 낯선 부인이 눈 깜빡 할 사이에 내 품 안에 쏘옥 안겨 있지 않은가! 그 부인의 뒤에 서 있던 사람들이 한꺼번에 그 부인의 등을 떠밀어 내 품 안에 안겨 주었던 것이다.

"사람이 참 많습니다."

얼른 부인을 품에서 놓아주며 겸연쩍어 한 말이었다.

사람들을 내려놓은 전철은 방금 품 안에 안겼던 그 환하게 빛나는 얼굴의 낯선 부인을 태운 채 조금도 주저하지 않고 떠났다. 그리고 눈앞에서 사라져 버리고 말았다.

옷깃만 스쳐도 인연이라는데, 많고 많은 사람 중에 바로 그 날, 바로 그 시간, 바로 그 전철 안에서 다른 사람도 아닌 바로 한 외로운 홀아비 품안에 거짓말처럼 깜박 안겼던 유난히 밝고 환하게 빛나던 바로 그 별 하나.

지금쯤 어디만큼 가고 있을까······.

# 초콜릿

한 달 내내 장맛비가 내렸다. 모든 것이 축축하게 젖었다. 공기도 축축하고, 기분도 축축하고, 그중에 제일 축축한 것은 사람들의 시선이었다.

전철 안의 사람들도 서 있는 사람들이나 앉아 있는 사람들 모두가 축축하게 젖은 시선을 아무데나 걸쳐두고 있었다. 젖은 걸레를 아무데나 던져두듯이. 이럴 때 쨍하고 햇볕이 난다면 얼마나 좋을까.

축축하게 젖은 전철을 타고 가다가 축축하게 젖어 있을 다음 역에서 내리기 위해 문간 쪽으로 다가섰다. 여자 아이 하나가 자기도 다음 정거장에서 내리려는지 옆에 와서 선다. 스물 안짝의 손녀 뻘쯤 되어 보이는 아이였다.

그 여자 아이의 젖가슴께가 내 콧잔등에 와서 걸린다. 요즘 아이들은 무얼 먹고 자라서 저리 키가 큰 것일까. 목 라인을 젖가슴께까지 거침없이 쑥 파버린 헐렁한 티셔츠를 걸치고 있는 아이의 반쯤 드러난 불룩한 가슴이 나의 두 눈을 수줍어하지도 않고 빤히 쳐다보고 있다. 우유를 먹고 자라서일까, 몸집도 소처럼 튼튼하다. 우리가 자랄 때는 우유는 구경도 못했었는데. 거기다 또 저렇게 아무데서나 우적우적 잘 먹으니 더 크고 튼튼할밖에. 아이는 아까부터 초콜릿을 먹고 있었다.

초콜릿은 나도 꽤나 좋아하는 기호식품이다. 커피에 설탕과 프림을 타지 않고 대신 커피 한 모금에 초콜릿을 조금씩 깨물어 먹으면 커피 맛과 초콜릿 맛을 동시에 즐길 수 있다. 더구나 비 오는 날 블랙커피 한 잔에 초콜릿은 딱 어울린다. 으흠, 침 넘어가는군. 집에 초콜릿 남은 것이 있었던가?

그때였다. 아이가 먹고 있던 초콜릿 조각이 그만이나 아이의 반쯤 벗은 젖가슴 가운데, 굴곡진 골짜기 속으로 순식간에 미끄러져 떨어지는 것이 아닌가. 저런! 나는 아이가 먹고 있던 초콜릿을 바라보고 있었으므로 아이보다 먼저 그것이 아이의 젖가슴 속으로 떨어지는 것을 보았던 것이다.

아이가 반사적으로 앞가슴을 확 열어젖히며 초콜릿 조각을 꺼내려고 한다. 그 바람에 그나마 반쯤만 얼굴을 내밀고 있던 아이의 남은 젖무덤이 순식간에 내 눈 앞에서 홀라당 옷을 벗고 마는 것이 아닌가. 저런, 저런……, 저렇게 철이 없어서야 시집가서 아이는 제대로 낳아 기르려는지…… 쯧쯧.

그러나 초콜릿 조각은 너무 깊이 가슴 밑바닥으로 숨어 버렸는지 아이는 초콜릿 조각을 꺼내지 못한다. 그러는 자기 행동이 자신이 생각하기에도 우스웠는지 아이는 나와 시선이 마주치자 햇살 같이 하얀 이를 반짝하며 활짝 웃는다.
 전철이 다음 역 구내로 천천히 미끄러져 들어간다.
 멈춰 선다.
 문이 열린다.
 아이가 전철에서 내린다.
 나도 뒤따라 내린다.
 아이가 서둘러 제 갈 길을 간다.
 나도 집을 향해 걸음을 옮겨 놓았다.
 그 여자 아이와 나 사이에는 아무 일도, 아무 소동도 일어나지 않았다.
 집으로 돌아오자마자 급히 컴퓨터를 켜고 며칠 전 인터넷 신문에서 보았던 기사를 찾았다. 며칠 전 기사이므로 아직도 그 기사가 전면에 떠 있을 리가 없었다. 그러나 검색 칸에다 '성희롱'이라고 치고 클릭 했더니 다행히 그 기사가 모니터에 뜬다. 나는 며칠 전에 읽었던 그 기사를 다시 읽어 보았다.
 어떤 남자가 전철 안에서 어느 여자의 젖가슴을 바라 본 것이 빌미가 되어, 젖가슴이 아니라 젖가슴께를 바라본 것이겠지만, 옷을 입고 있었을 테니까, 성희롱 소동이 일어났었다는, 요즘 사회 문제가 되고 있는 전철 안에서의 빈번한 성희롱 실태에 관한 기사였다. 그 기사를 보고 또 보았지만 내가 방금 전철 안에서 겪었던 일과 무엇이 어디서부터 어떻게 다르게 돌아가는 것인지 종잡을 수가 없다. 시선이 어디서부터 어떻게 갈라지면 성희롱이 되고, 초콜릿이 되는 것일까!

커피 한 잔을 타서 마시며 생각을 이어간다. 조금 아까 전철 안에서 다 큰 여자 아이가 젖가슴께를 활짝 열어젖힌 채 나를 바라보며 활짝 웃은 것은 정말 그랬던 것일까? 아니면 내가 그런 상상을 했던 것에 지나지 않을까? 그 여자 아이와 나 사이에 아무 소동도 일어나지 않은 채 전철에서 내려 각기 저 갈 길로 간 것을 보면 그것은 나의 상상에 지나지 않은 것 같기도 하고, 그러나 아이가 나를 바라보며 햇살처럼 티 없이 밝은 웃음을 활짝 웃던 모습을 생각하면 영락없는 현실이었던 것도 같다.

살다보면 상상과 현실이 혼동될 때가 많다. 특별히 우리가 살고 있는 이 시대가 그렇지 않은가. 게임에 빠지면 현실과 게임을 구분하지 못하듯 성희롱 사건도 그래서 자꾸 늘어나기만 하는 것이 아닐까. 담 넘어 핀 꽃이라도 분명 남의 꽃밭의 꽃이므로 꺾으면 안 된다는 것쯤 온전한 정신으로야 누가 모르겠는가. 그러나 담 너머 핀 꽃을 바라만 보았을 뿐인데도 꽃을 꺾었다고 하니 문제인 것이다.

집에는 다행히 사다 놓은 초콜릿 남은 것이 있었다. 블랙커피와 초콜릿은 정말 잘 어울린다. 비 오는 날 축축한 전철 안의 해 맑은 소녀 아이의 미소처럼 달콤하고 고소하다.

이제 고만, 이 우울하고, 무겁고, 질척한 장맛비가 활짝 개었으면 좋겠다. 그리고 초콜릿처럼 달콤하고 환한 꽃들이 집집마다 담 너머로 활짝활짝 피어나는 햇빛 밝은 세상이 되었으면.

## 색맹 色盲

장마가 그치고 햇볕이 쨍하게 나자 곧장 곰팡이 낀 벽지를 뜯어내고 벽을 말렸다. 이사 들어올 때 인부들이 남기고 간 벽지를 찾아다가 뜯어낸 곳을 바르기 시작하였다. 한쪽 벽을 다 바르기도 전에 벽지가 바닥이 나고 말았다.

남은 벽지 조각을 들고 동네 지물포로 갔다.

"이것하고 똑같은 벽지가 있습니까?"

벽지 조각을 흘낏 쳐다본 지물포 주인이,

"손님이 찾는 것은 연한 핑크 색인데 그 보다 진하거나 아니면 하얀 색깔밖에 없는데요."

라고 대답한다. 그리고 이어서,

"똑같은 건 못 찾아요."

라고 못을 박아버리고 만다.

벽지를 바르다 말고 남은 조각을 들고 집을 나설 때는 지물포에만 가면 당장에 똑같은 벽지를 살 수 있을 줄 알았다. 그런데 지물포집 주인은 내밀어 보이는 벽지 조각을 자세히 보지도 않고, '똑같은 건 못 찾아요.' 라고 하는 것이 아닌가. 똑같은 건 찾을 수 없다니? 어떻게 그럴 수가 있단 말인가?

잠시 할 말을 잊고 서 있자 지물포집 아주머니가,

"산 집에 가서 알아보면 혹시 모를까."

라고 마지못해 거들어준다.

그러나 어떻게 그 말을 받아들일 수가 있는가? 현재 방에 붙어 있는 벽지를 어디서 사왔는지 알 수가 없지 않는가. 이사 들어오기 전에 복덕방에 부탁해서 벽지를 바르게 하였으므로 인부들의 얼굴도 못 본 것이다.

설마 다음 집에 가면 똑같은 것이 있겠지. 장사하는 사람들이란 언제나 자신한테 이익이 없는 일에는 퉁명스럽게 말하는 습관이 있는 법이니까 그 여자도 자기 집에 없는 물건을 찾으므로 심술이 났는지도 모른다.

그렇게 생각하며 다음 가게로 갔다. 장마 뒤끝인데다가 늦더위까지 심술을 부리고 있어서 8월 말이 코앞이지만 몇 걸음만 걸어도 등줄기는 말 할 것도 없고 사타구니까지 땀이 질척거렸다. 그래도 벽지만은 꼭 새것으로 바르고 싶었다.

두 달 넘게 장맛비가 계속된 어느날 우연히 방 한쪽 구석에 시선이 멈추었다. 거무튀튀한 낯선 모양이 눈에 띄었기 때문이다. 곰팡이었다. 오랫동안 계속된 비에 습기가 차서 곰팡이가 핀 것이었다.

제대로 된 고급 주택이나 아파트는 곰팡이가 잘 안 핀다. 그러나 반 지하 방은 조금만 습기가 차도 곰팡이가 낀다. 곰팡이 낀 벽지를 그대로 두고 산다는 것은 길거리에서 앞서가는 사람의 담배 연기를 별 수 없이 마셔야 되는 것만큼이나 숨 막히는 일이 아닌가.

그러나 두 번째 지물포에 들어갔다가 나오는 발걸음은 마치 동냥 얻으러 갔다가 빈손으로 쫓겨나듯 한 모양이 되고 말았다. 아까 집을 나올 때 지물포에만 가면 당장에 똑같은 벽지를 찾을 수 있을 것이라던 기대는 빗나간 복권쪽지처럼 구겨지고 만 것이다. 두 번째 집에서는 아예 비슷한 것조차도 찾을 수 없을 것이라고 하였기 때문이다.

곰팡이 낀 벽지를 새로 바르지 않고 사는 일도 견딜 수 없는 일이었지만, 서로 색깔도 다르고 무늬도 다른 짝짝이 벽지를 바르고 살아야 한다는 일도 쉽게 받아들일 수 없었다.

다행히 그동안 지나다니며 본 경험에 의하면 동네 안에는 꽤 여러 집의 지물포가 있었다. 이 동네는 아파트보다 다가구주택이 많은 동네라 이사 들고 나는 일이 빈번하기 때문일 것이다.

세 번째 지물포 집에 들어 설 때는 첫 번째와 두 번째 집에 들어갈 때 하고는 아주 다른 태도가 되어 있었다. 우선 들고 간 벽지 조각을 내보이며 묻는 말투부터가 달랐다. 처음 갔던 집에서는 다짜고짜 이것하고 똑같은 벽지를 내놓으라는 식으로 말했었다. 그러나 세 번째 집에서는,

"이것하고 비슷한 벽지가 있을까요?"

라고 동정이라도 구하는 듯 한 말투로 묻고 있었다.

그러나 세 번째 지물포집 주인도 매몰차기가 첫 번째 집, 두 번째 집과 다를 바가 없었다. 비슷한 것조차 찾아 볼 낌새를 안 하고 곧장 없다는 대답이었다.

"색깔이든 무늬든 둘 중에 하나라도 비슷한 것을 찾는다면 몰라도 둘 다 비슷한 것은 어림도 없을 거예요."

그 다음 네 번째 집에서도 마찬가지였다.

다섯 번째 집에서도 마찬가지였다. 다섯 번째 집 젊은 청년은 노인이 무더운 날 땀 뻘뻘 흘리면서 벽지 조각을 들고 찾아다니는 것이 안되어 보였는지 벽지 나오는 집이 각각이라 그 벽지를 만든 집이 아니면 어디 가서도 똑같은 것은 찾을 수 없을 테니 포기하시는 편이 나을 것이라고 말해 주는 것이었다.

그래도 고집을 꺾지 않고 여섯 번째 집을 또 찾아갔다. 먼저 온 손님과 얘기를 나누고 있던 주인아주머니가 들고 간 벽지 조각을 흘낏 곁눈질로 바라보더니 말도 붙이지 않고 계속 저 할 일만 한다.

그 순간, 머리에서 피가 한순간에 빠져 나가는 듯한 어떤 충격으로 잠시 눈앞이 어찔하였다.

정신을 가다듬고, 급히 그 집을 나와 먼저 번 갔던 지물포들 중에서 '색깔이든 무늬든 둘 중에 하나라도 비슷한 것을 찾는다면 몰라도 둘 다 비슷한 것은 어림도 없을 거예요.'라고 말한 세 번째 집으로 되돌아갔다.

그 세 번째로 갔던 집에 다시 들어서며 대뜸,

"아주머니, 아주머니가 보시기에 이 벽지하고 제일 비슷하다고 생각되는 걸로 주세요."

라고 아까와는 달리 당당하게 말하였다. 지물포집 아주머니가 환하게 웃으며,

"글쎄요. 그런 게 있을까……."

라고 하며 이것저것 골라 본다.

"내 말은 아주머니 방이라면 이것이라도 바르겠다, 라고 생각되는 그런 것이면 된다는 뜻입니다."

여섯 번째 집에서 갑자기 세 번째 집으로 되돌아간 까닭은 오래 전 아내와의 일이 번쩍 생각났기 때문이었다.

젊은 시절, 아내와 동네 양장점을 할 때의 일이었다. 동대문 시장에 가서 원단과 실을 사 올 때마다 거의 어김없이 아내에게 핀잔을 듣곤 하였다. 아내가 팔짝팔짝 뛰는 까닭은 '이것이 어디 핑크색이냐?'는 것이었다.

아까 여섯 번째 지물포 집에 들어갔을 때 들고 간 벽지 조각을 곁눈질로 한 번 흘낏 쳐다만 보고 아는 체도 하지 않았던 주인여자의 눈빛에서 '이것이 어디 핑크색이냐?'고 다그치

던 아내 생각이 났던 것이다. 그제야 아까 첫 번째 집에 갔을 때 손님이 가져온 것은 연한 핑크색이라는 주인아주머니의 말에 속으로 잠깐 놀랐던 까닭이 군대 갈 때 신체검사에서 녹적색맹 판정을 받은 일이 문득 생각났기 때문이었음을 깨달았던 것이다.

그 순간, 이사할 때 인부들이 벽지를 사온 바로 그 가게가 어디에 있는지 알아냈다 하더라도 절대로 똑같은 벽지를 사오지 않기로 작정하였던 것이다. 새로 이사 간 방의 벽지가 핑크색인데도 4개월이 지나도록 하얀 색깔인 줄로만 알고 살았던 것처럼 아내가 그보다 더 아름다울 수 없는 연한 핑크 색깔의 여자였는데도 허여멀건한 여자로만 보였기 때문에 25년 동안 부부싸움만 하다가 남남이 되고 만 것처럼 에덴동산으로 되돌아가 창조주 하나님께 꼭 맞는 아내를 새로 달라고 하여 새 아내를 얻게 된다 할지라도 또다시 아담과 이브처럼 부부싸움을 하게 될 것은 요새 말로 안 봐도 CCTV일 것이 아니겠는가.

그렇다면 무엇 때문에 이 무더운 날 꼭 맞는 벽지를 찾아 헤맨단 말인가. 설사 꼭 같은 벽지를 사다 바른다 해도 또다시 핑크색을 하얀 색깔인 줄로만 알고 살 게 뻔한 일인데 말이다.

# 사소함에 대한 사소한 변명

아침에 잠을 깼을 때 가족 중 누가 눈에 띄는 일은 일상적으로 반복되는 사소한 일이다. 그 같은 일이 아침마다 반복되는 동안은 아무도 그런 일로 행복감을 느끼지도 않으며, 그것을 행복의 조건으로 여기지도 않는다. 그러나 어느 날부턴가 아침에 잠을 깨도 아무도 눈에 띄지 않게 되고, 그 같은 일이 한두 달도 아니고 여러 해 계속된다면 누구나 다 자신이 동굴 속의 원시인과 다를 바 없음을 느끼게 될 것이다. 종일 사나운 짐승들에게 쫓기다가 겨우 피곤한 몸을 눕히고 혼자 잠들었다 깨어나는 동굴 속의 원시인.

아침에 자고 일어난 이불을 내 손으로 개키지 않아도 아내나 그 밖의 다른 가족이 대신 해 주는 일은 일상적으로 반복되는 사소한 일이다. 누가 그런 일을 가지고 나는 아침에 자고 일어날 때마다 다른 사람이 이불을 개켜 주기 때문에 행복하다고 자랑하는가. 그러나 여러 해 동안 하루도 예외 없이 아침마다 잠자리 이불을 내 손으로 개켜야 되는 날이 계속 되다 보면 혼자 자고 일어나 빠져 나온 이불 속이 냉동고처럼 추워 보이게 될 것이다.

집 안에서 누군가의 말소리나 움직이는 소리, 부르는 소리, 혹은 물소리가 들리는 일은 참으로 아무것도 아닌 일상적으로 반복되는 사소한 일이다. 그러나 아침마다 세수를 하기 위하여 화장실로 걸어가는 몇 발짝 동안 부엌이나 집 안 그 어디에서도 다른 사람의 목소리나, 움직이는 소리나, 물소리조차 들리지 않는 고요가 여러 해 동안 계속되면 아침의 고요함이 고요가 아닌 숨 막힘으로 느껴지게 될 것이다. 가슴을 짓누르는 우주적 무게의 숨 막힘.

아침에 일어났을 때 아내나 혹은 딸아이가, '커피 타 드려요?' 라고 하는 것은 지극히 당연한, 귀찮을 정도로 반복되는 일상적인 사소한 일이다. 누가 그런 귀찮을 정도로 반복되는 일상적인 사소한 일을 가지고 나는 행복하다 자랑하며 사는가. 그러나 몇 달이 가고, 몇 년이 가고, 10년이 가도 아무도 밥 먹으라는 말조차 건네는 사람이 없는 삶을 살다보면 드넓은 하늘을 날아가면서도 서로 까악, 까악, 불러대며 날아가고 있는 새들이 왜 그러는지 알게 될 것이다. 그리고 저들을 부러워하게 될 것이다.

당신은 당신 자신 외에는 하루 종일 아무도 열고 닫아주는 사람이 없는 냉장고 문의 사소한 외로움에 관하여 고민해 본 일이 있는가?

물 한 잔의 외로움도 외로움이라고 할 수 있을까? 그러나 물 한 잔도 매번 혼자 떠먹어야 되는 일이 10년 넘게 반복하여 쌓이게 되면 물 한 잔의 사소한 외로움도 바위덩이만큼 무거워진다는 사실을 아는 사람은 많지 않을 것이다. 인생이란 무엇인가? 행복이란 무엇인가? 물 한 잔의 외로움 같은 사소한 일에 대해서는 알지도 못하고, 느끼지도 못하며 살아가는 그것을 가리켜서 우리는 행복이라고 하는 것이다.

외로움을 밥으로 먹어 본 일이 있는가? 혼자 먹는 밥은 밥이 아닌 외로움이라는 사실을 모르고 사는 삶을 행복이라고 하는 것이다.

옷을 입고 벗는 일은 얼마나 아무것도 아닌 사소한 일인가. 누가 혼자 옷을 입고 벗는 일의 외로움까지 아파하며 인생을 산단 말인가. 그러나 내 손으로 빨래한 옷을 내 손으로 개켜서 제자리에 갖다 놓았다가 내 손으로 꺼내 입는 일이 여러 해 동안 반복되면 옷에도 나무껍질 같은 외로움의 더께가 앉는다는 사실을 발견하게 될 것이다.

집을 나설 때, '잘 다녀오세요.', '잘 갔다 오리다.'라는 말을 주고받는 일은 사소한 일 가운데서도 너무나도 당연하게 반복되는 아무 것도 아닌 사소한 일이다. 그러나 그 아무것도 아닌 사소한 한마디 말을 여러 해 동안 듣지도 못하고, 하지도 못한 채 살게 된다면……. 동네 한가운데 침묵으로 서 있는 고목古木이 소크라테스보다도, 임마누엘 칸트보다도 무거운 철학이었음을 깨닫게 된다는 사실을 누가 겪어보지 않고 알 수 있으랴.

가족이 함께 외출할 때 문을 잠그는 일은 사소한 일 중에서도 지극히 사소한 일이다. 그러나 혼자 집을 나서면서도 매번 어김없이 자물쇠로 문을 잠그는 일이 여러 날, 여러 해 되풀이되다보면 어느 날부턴가 방문을 잠그는 것이 아니라 자신의 가슴에 빗장을 지르는 일이 된다는 사실을 이 또한 겪어보지 않고는 알 수 없을 것이다.

바람은 천지간에 사소한 것들 중에서도 가장 사소한, 눈에 보이지 조차 않는 사소함이다. 그러나 바람 외에는 아무한테도 말을 건넬 사람도 말을 걸어주는 사람도 없는 날이 여러 해 동안 계속되고 나면 바람 한 점의 외로움을 느끼지 못하고 살아온 삶이야말로 풍족한 행복이었음을 깨닫게 될 것이다.

  이 모든 사소한 일들보다도 너무나도 너무나도 더 사소한 일이어서 말하기조차 부끄러운 사소함이 있다는 사실을 아는가? 다른 것이 아닌 귀털의 사소함이다. 귓털은 얼마나 아무것도 아닌 사소함인가? 세상에 귀털보다 더 작고, 자신의 눈에는 보이지조차 않는 사소함이 무엇이 또 있단 말인가. 그러나 이 너무나도 아무것도 아닌 귀털 한 가닥을 뽑아 줄 사람이 없는 외로움을 귀에 달고 사는 무게가 우주만큼 무겁다는 사실을 아는 사람은 참으로 그리 많지 않을 것이다.

# 보이지 않는 벽

## 3

아름다운 불륜
물소리
고양이
이명耳鳴
구피
포옹
보이지 않는 벽壁

# 아름다운 불륜

지난 봄, 나는 어떤 여성 독자가 보내 온 e메일 속의 문제를 놓고 상당 부분 그 독자와 함께 마음을 아파하며 보냈다. 그럼에도 그 부인의 질문에 명확한 대답을 해 주지 못해서 나는 지금도 괴롭다. 독자들은 작가라면 대부분의 인생 문제에 답을 갖고 있을 것으로 기대하지만 사실은 그렇지 않다. 그 부인의 사연은 웬만한 단편 소설 길이만 하였는데 그 내용은 다음과 같은 것이었다.

저는 지난 몇 개월 동안 어떤 남자와 친밀하게 지냈습니다. 내가 그 남자와의 관계를 '친밀한 관계'였다고 말씀 드리는 까닭은 나는 그 남자와의 관계를 불륜이었다고 생각하지 않기 때문입니다.
내가 그분을 알 게 된 것은 남편이 지방 근무를 하게 되어, 나도 그 지역에 있는 학교로 전근해 가기 위해서 자리를 알아보던 중 마침 결원이 생긴 지방 초등학교가 있어서 옮겨가게 된 그 학교에서의 일이었습니다. 그 남자는 그곳 초등학교에서만 15년째 평교사로 장기근속하고 있는 분이었습니다. 나는 교직 생활 17년째가 되는 중년 부인입니다. 그분은 나보다 나이가 열아홉 살이나 위였습니다.

나는 처음에는 그분에게 아무 관심도 갖지 않았습니다. 아니, 관심이 가는 일이 하나 있기는 하였습니다. 그것은 나이 60이 가까운 남자가 이름 없는 지방 초등학교에서 15년째 평교사직을 맡고 있다는 사실이었습니다. 나도 교사입니다. 그러므로 평생 평교사로 지냈다고 해서 이상할 것은 없었습니다. 누가 그런 문제로 어떤 사람을 낮게 평가하였다면 나는 화를 내며 그 사람을 편들어 주었을 것입니다. 왜 세상은 평생 말단 직원이면 안 되는 것처럼 여길까요? 이 세상은 평생 말단 교직원이면 안 되는 세상인가요? 그러나 나도 어쩔 수 없는 그런 세상의 편견에 얼마간은 물이 들어 있었는가 봅니다.

내가 처음 전근을 가서 그곳 선생님들 한 분 한 분에 대해서 한두 가지씩 알아가게 되던 중 그분이 환갑이 가깝도록 평생을 평교사로 지내시는 분이라는 사실을 알게 되었을 때 어쩔 수 없이 그분에 대해서 그 이상의 관심은 가지게 되지 않았던 것입니다. 너무나 평범한 사람이라고 생각되었기 때문일 것입니다. 그런 내 마음속에는 '별 볼일 없는 사람'이라는 세상의 통속적인 잣대가 도사리고 있었던 것은 아닐까요?

그것이 나중에는 그분에 대한 들끓는 감정의 도화선이 될 줄을 누가 알았겠습니까? 그분과 나는 마침 같은 학년의 1반과 2반의 담임이었습니다. 그래서 다른 선생님들보다 자연히 접촉이 잦을 수밖에 없었습니다. 봄 학기가 지나가고, 여름 방학도 지나, 가을 학기를 보내는 동안 나의 그분에 대한 '별 볼 일 없는 사람' 인식은 어느새 깨끗이 사라져 버리고 말았습니다. 그리고 언제부턴가 나는 그분 앞에만 서면 왠지 모르게 옷깃을 여미게 되었고, 말이 조심스러워 지고, 고개가 숙여지고 있었습니다.

이유는 다른 것이 아니었습니다. 그분은 세상이 다 그렇게 여기는, 남자 나이 환갑이 가깝도록 지방 초등학교의 별 볼 일 없는 그런 평교사가 아니었던 것입니다. 나는 세상에 그분처럼 인품이 안정되고, 또 깊고, 무엇보다도 겸손하신 어른은 돌아가신 내 아버님 한 분을 빼 놓고는 뵌 일이 없었습니다. 나는 아마 그분에게서 내 아버님을 느꼈을지도 모릅니다.

아버님은 초등학교 교장을 하셨습니다. 동기들이 모두들 하다못해 지방 시 교육감 자리까지 정치 줄을 타고 자리를 옮겨간 지 오래였지만 아버님은 선생의 자리는 학교 안일 뿐이라고 못을 박으시며 끝까지 아이들 곁을 떠나지 않으셨던 분이십니다. 내가 교사직을 선택한 것도 아버님의 그 같은 교사직에 대한 소박한 철학에 영향을 받았기 때문일 것입니다.

그런 아버님 상을 바로 그분에게서 발견하게 되었던 것입니다. 나는 차츰 그분을 대하는 시간이 하루 일과 중 가장 즐거운 일이 되어 갔습니다. 그분을 단지 평생 별 볼 일 없는 평교사로만 알았을 때는 그분과 의논해야 할 일이 있어도 왠지 다가서고 싶지 않았는데 어느새 나는 그분께 가지고 갈 일거리가 없을까 찾게 되었습니다. 그렇게 해서 가을이 지나갔습니다.

이제 곧 첫눈이 내리겠구나 생각하며 기다리고 있던 어느 날이었습니다. 그분이 결근을 하였습니다. 그것은 나에게만 놀라운 일이 아니라 학교 전체의 빅뉴스 거리였습니다. 장 선생이 결근을 다 해? 그 해시계 같은 양반이 결근을 하다니? 오늘 해가 안 떴다면 모를까.

모두들 놀랐습니다. 알고 보니 심한 감기몸살로 앓아누웠다는 것이었습니다. 나는 당연히 학교가 끝나기 무섭게 그분 반의 반장 아이를 포함한 남학생 두 명과 여학생 두 명으로 급조된 문병 대를 인솔해서 그분 댁을 방문하였습니다.

나는 그분이 누워 있는 방에 들어서자 왈칵 눈물부터 쏟아져 나와서 아이들 앞에서 눈물을 감추느라 여간 힘들지 않았습니다. 나는 그분이 독신이라는 사실을 오래전부터 알고는 있었지만 남자 어른이 독신으로 산다는 것이 무엇을 의미하는지, 그 모양을 주위에서 본 일도, 가까이 경험한 일도 없었기 때문에 무심히 지냈던 것입니다.

그런데 그분 댁에 들어서자 제일 먼저 내 눈에 띈 것은 모든 것이 제자리에 놓여있지 않은 물건들의 모양이었습니다. 현관문은 꼭

닫히지 않고 빠끔히 열린 채 그나마 녹이 슨 듯 열고 닫을 때마다 삐걱 소리가 났고, 그런 문을 열고 들어서자 그분 신발인 듯, 한 짝은 이쪽에 다른 한 짝은 저쪽에 나뒹굴고 있었으며, 방향도 제각각이었습니다. 그분은 저쪽 안쪽 방에 누워 계셨습니다. 그런데 그 안방까지 사이에는 댓 발짝 정도 길이의 복도가 있었습니다. 그러니까 현관문 쪽에서 안을 들여다보면 그분은 마치 깊숙한 굴속에 누워 계신 것 같은 모양이었던 것입니다. 집 구조가 왜 이렇게 되었을까 이해가 안 되는 모양이었습니다.

선생님은 왜 이런 집에 사실까? 사모님이 계셨다면 이런 집을 세를 얻으셨을까? 사모님이 계셨다면 저 녹이 슨 문을 그냥 두었을까? 사모님이 계셨다면 선생님의 신발이 한 짝은 이쪽에 다른 한 짝은 저쪽에 방향도 제각각으로 나뒹굴어져 있을까? 사모님이 계셨다면 설거지통에 설거지가 저렇게 쌓여 있을까? 사모님이 계셨다면 물주전자에 저렇게 땟국물이 끼었을까? 사모님이 계셨다면 선생님이 깔고 덮고 누워 계신 이부자리가 저렇게 초라할 수 있을까?

나의 상념은 끝이 없었습니다. 무엇보다도 사모님이 계셨다면 선생님의 몰골이 이렇게 초라한 모양일 수 있을까? 그런데 왜 선생님은 부인과 사별 한 후 이렇게 오랫동안 재혼을 하지 않고 독신으로 지내시는 것일까? 그날의 문병으로 내 마음에는 일대 지각변동이 일어나고 말았습니다.

그분이 며칠 후 겨우 회복이 되어 다시 출근하기 시작하였을 때는 그분은 이미 나에게 남이 아니었습니다. 그런 내 마음이 어떤 것이라 해도 나는 상관없습니다. 다만 불륜만은 결코 아니었다고 나는 분명히 말하고 싶습니다. 불륜이란 어쨌든 변명할 길 없는 부도덕한 일이니까요.

나는 그분을 그런 분으로 만들 수 없습니다. 나의 그분께 대한 감정이 불륜이라면 그분도 당연히 유부녀와 불륜관계를 가진 사람이 되는 것이 아니겠습니까? 아닙니다. 절대로 절대로 그분은 그런 분이 아닙니다. 그것은 나의 친정아버님이 평생 그 비슷한 소문조차 한 번도 만드신 일이 없으셨던 분이라는 것만큼이나 확실한 일이었습니다. 아버님께는 그런 소문은커녕 그런 일과 관련지어서 아버님을 생각하는 일 조차 큰 결례가 되는 분이셨습니다. 그분도 마찬가지였습니다. 그런 그분께 내가 그분에 대해 가지게 된 마음 때문에 그분을 불륜 상대남으로 만든다는 일은 상상조차 할 수 없는 일입니다.

뿐만 아니라, 설사 그분께 대한 나의 마음으로 그분께 아무 누가 안 된다 할지라도, 그런 것을 따지기도 전에 나 혼자서 내 마음 구석구석을 다 찾아보아도 나의 그분께 대한 감정 어느 한 구석에도 불륜의 싹은커녕 씨앗조차도 찾아볼 수 없었다고 나는 단언할 수 있습니다. 그만큼 나의 그분께 대한 마음은 그런 관념들하고는 전혀 관계가 없는 것이었다고 분명하게 말할 수 있습니다.

나중에 나의 그분께 대한 감정이 걷잡을 새 없이 자라나서 마침내는 그분의 그 쭈글쭈글한 손이라도 한번 만져 보고 싶은 생각이 들어 화들짝 놀란 후에도 나의 그분께 대한 결백 판단은 변함이 없었습니다.

그분이 병석에서 일어나 다시 출근한 후부터는 나의 하루는 온통 그분에 대한 걱정으로 채워지게 되었습니다. 점심은 무엇을 드시는지, 차는 무슨 차를 마시는지, 피곤하시지는 않으신지. 어제 밤에 잠은 잘 주무셨는지, 오늘 저녁엔 또 무엇을 어떻게 해서 진지를 드실 것인지. 속옷은 매일 갈아입으시는지, 빨래는 어떻게 해 입으시는지, 그분의 생활에 관한 것 하나 하나가 나도 모르는 사이에 내 신경 줄을 꿰는 예민한 바늘이 되어 내 생각을 붙들고 놓아 주지 않았습니다. 아이들 수업 지도에 영향을 미칠 정도였으니까요.

급기야 나는 그분의 도시락을 검사(?)하게까지 되었고, 이렇게 부실하게 잡수시니까 병이 드시는 것 아니냐고 딸처럼, 아니 부인처럼 나무라게 되었고, 그런 날이 단 사흘도 더 지나지 않아서 나는 아침에 내 도시락을 준비하면서 그분의 도시락 반찬까지 준비해 가지고 출근하게 되었습니다. 그리고 아무도 모르게 그분 책상 서랍 속에 넣어 드리고, 이제부터는 도시락 통에 밥만 담아서 가져 오시라는 쪽지를 남기게 되었습니다. 그것이 내가 그분께, 교사로서 공적인 일과 관계가 없는 사적인 일로 내 마음을 표시한 첫 번째 일이었습니다. 젊은 아이들이라면 그것은 당연히 연애 감정이었다고 할는지 모르지만 나는 그렇게 생각하고 싶지 않습니다. 그러나 어쨌든 그것은 사적인 마음의 표시였으므로 내 감정의 속살이 그 일로 드러나게 되었던 것만은 틀림없는 일이었습니다.

그분은 아무 말도 하지 않았습니다. 그리고 내 말 대로 말 잘 듣는 소년처럼 도시락 통에 밥만 싸 가지고 출근하셨습니다.

그리고 곧 겨울 방학이 되었습니다. 그런데 나에게 큰 문제가 생기고 말았습니다. 방학이 되고 보니 그분을 매일 뵐 기회가 사라지고 말았던 것입니다. 나는 그분이 꼭 밥을 굶고 있고, 방에는 불을 못 때고 있고, 빨래도 못 해 입고, 설거지는 말할 것도 없고, 방 청소도 생전 하지 못한 채 먼지 구더기 속에서 그때 병들었을 때처럼 누워서 죽어가고 있을 것이라고만 생각되었습니다. 일이 손에 잡히지 않았습니다.

마침내 나는 남편에게는 다음 학기 학습 교안에 관한 의논을 드리러 장 선생님을 뵈러 간다는 핑계를 대고 그분 댁을 방문하게 되었습니다. 교안건은 거짓말이었지만 나는 남편에게 내가 그분 댁을 방문 한다는 사실까지 숨기고 싶지는 않았던 것입니다. 그것은 어쩌면 그분 댁을 방문하고 싶어 견딜 수 없는 내 마음 어느 한구석에 만에 하나라도 숨어 있을지도 모를 그 어떤 불순한 생각에 대한 변명이었을지도 모르고, 혹은 그런 자신에 대한 경고였을 수도 있을 것입니다. '나의 그분 댁 방문은 남편도 알고 있는 떳떳한 일이다.' 라는 것으로 그 두 가지 경우를 다 한데 묶어서 덮어버리고 싶었는지도 모릅니다.

남편은 아무 의심도 하지 않았습니다. 무엇보다도 남편과 나는 그런 문제로 서로를 의심해 본 일이 한 번도 없는 생활을 해 왔기 때문이었을 것이고, 다음은 현실적으로 그분과 나는 누가 보아도 그런 문제로 의심을 살 만한 비슷한 나이가 아니었던 것이 두 번째로 남편이 나를 의심하지 않은 이유였을지도 모릅니다.

그분은 나의 방문을 놀라워하지 않았습니다. 병으로 누워 있었을 때처럼 있을 수 있는 일로 여기는 것일까? 나는 아직 그분의 나에 대한 생각이 어떤 것일까 생각 해 본 일이 없습니다. 그럴 필요가 없었습니다. 그분과 나는 그런 생각을 할 필요가 없을 정도로 언제부턴가 서로에 대해 아무 가릴 것이 없는 마음이 되어 있었던 것입니다. 나는 그렇게 믿습니다. 도시락 반찬 건만 하더라도 나는 마치 누나가 남동생을 나무라듯 이렇게 부실하게 밥을 먹으니까 병이 나는 것 아니냐고 나무랐고, 그분은 그런 나의 나무람을 말 잘 듣는 남동생처럼 아무 소리 안 하고 하라는 대로 도시락 통에 밥만 싸 가지고 오셨던 것입니다.

그 밖에 다른 모든 일들도 다 그런 식이었습니다. 그분은 내가 오라면 왔고, 가라면 갔습니다. 이것을 하라면 했고, 하지 말라면 하지 않았습니다. 그뿐 그분 편에서는 아무 요구도 하는 일이 없었습니다. 그분 편에서 이것은 이렇게 해 달라, 저것은 저렇게 해 달라는 요구가 한 번도 없었습니다.

그분은 내가 다가가는 만큼만 다가왔고, 내가 멈추면 그분도 그 자리에 멈춰 섰습니다. 그분은 아마 내가 죽으라면 죽었을지도 모릅니다. 나는 그분의 그런 태도가 나의 그분께 대한 마음에 대한 대답이라고 알고 있었습니다. 그래서 내가 방학 중에 그분 댁을 공적인 일이 아닌 사적인 일로, 더구나 혼자서 방문을 하였는데도 그분이 놀라지 않는 것을 보고 나도 놀라지 않았던 것입니다.

내가 이것저것 마치 딸이라도 되는 것처럼, 이런 것은 이렇게 하시고, 저런 것은 저렇게 하셔야지 이렇게 하고 사시면 어떡하느냐고 핀잔을 주며 치울 것은 치우고, 닦을 것은 닦고, 찬거리도 마련하고 하는 것을 보면서도 그분은 아무 감정의 표현도 내비치지 않았습니다. 마치 늙으신 아버지가 딸이 하는 모양을 가만히 바라보고만 계시듯. 다만 시간 늦기 전에 어서 가 보라고, 빨리 가라는 말씀만 되풀이하였습니다. 그러나 나의 방문이 싫지는 않은 표정이었습니다. 나는 그분의 그런 표정만으로도 마음이 기뻤습니다. 나의 방문을 싫어하시지 않으신다는 것만으로도 나에게는 그분을 계속 방문 할 충분한 이유가 되었던 것입니다.

나의 그분 댁 방문은 처음부터 한 시간으로는 모자랐습니다. 치울 것 치우고 정돈하는 데만도 한 시간은 금방 지나갔으니까요. (남자들은 왜 혼자가 되면 치우지 못하고 사는 것일까요?) 그러고 나서 아이들 교육에 관한 이런저런 이야기, 말썽꾸러기 녀석들에 관한 이야기, 그리고 아이들 가정문제에 관한 이야기까지 나누다 보면 어느새 두 시간도 넘고, 어떤 때는 세 시간씩 머물게 되는 때도 있었습니다. 물론 자주 가 뵐 수는 없었습니다. 그러나 매 주 한 번씩은 방문하였고, 내가 바쁜 일이 있을 때는 한 주 걸러 가서 뵙는 때도 있었습니다.

그러는 사이 그분 편에서도 조금씩 감정 표현을 하시는 때가 있게 되었습니다. 그것은 '조 선생을 보면 꼭 내 집사람을 보는 것 같애.' 라는 정도의 어쩌면 나의 친절에 대해 고맙다는 표현을 그렇게 하는 것인지도 몰랐지만 나는 그 말이 너무나 듣기 좋았습니다. 내가 그분의 부인 같이 보이다니! 나는 가슴이 떨리지 않을 수 없었습니다. 아마 그 순간만은 나도 제 정신이 아니었을 것입니다.

동네 사람들은 우리 사이를 의심하지 않는 것 같았습니다. 우리가 학교 선생님인 줄을 다들 알고 있었고, 학기 중에는 학생들하고 방문하는 일도 종종 있던 터였는데다가, 방학 동안에도 아직 유치원에 다니는 나의 어린 둘째 딸 아이를 맡길 곳이 없을 때는 같이 데리고 가는 일도 종종 있었기 때문에 동네 사람들은 젊은 여선생이 나이 잡수신 선생님을 친정아범님 모시듯 돌 봐 드린다고 생각하였을 것입니다.

그러나 선생님과 나와의 사이는 그런 사이에만 머물러 있지는 않았습니다. 나는 차츰 선생님과의 관계를 놓고 엉뚱한 상상을 하는 때가 잦아지게 되었습니다. 사람의 감정이란, 자고 나면 뜰에 심은 꽃나무가 밤새 자라서 꽃이 피어있듯 사람의 감정도 그런 것 같았습니다. 나의 그분께 대한 감정은 지난 봄 여름 가을 이래, 그리고 겨울 동안에도 몰라보게 자라 있었습니다. 그분을 뵐 때 마다 나도 모르게 덥석 그분의 쭈글쭈글한 손을 향해 내 손이 뻗쳐 가게 되곤 하였습니다. 전에 아버님의 쭈글쭈글한 손을 잡고 응석을 부리던 때처럼 말입니다. 나는 어쩌면 아버님과 그분을 혼동하고 있었는지도 모릅니다. 그러나 꼭 그런 것만은 아니었을 지도 모릅니다. 왜냐하면 나는 그분의 늘 허전하게 텅 빈 듯 해 보이는 가슴에 내 몸을 안겨 가득 채워 드리고 싶은 생각으로 정신이 몽롱해지곤 하였으니까요. 나는 그런 내 마음을 그릇을 닦고, 청소를 하고, 찬거리를 만들어 드리는 것만으로는 더 이상 대신할 수 없는 지경에 이르고 말았습니다. 어쩌다 그분과 옷깃이 가까이 스칠 듯만 해도 나는 그분이 나를 포옹해 주지나 않을까 온몸을 떨곤 하였습니다.

그런 감정은 나 혼자만의 것은 아니었던 같습니다. 그분도 끝내 속에 깊이 감추고 계셨던 나에 대한 감정을 어쩌다 그만 조금씩 밖으로 내비치고 말 때가 있곤 하였습니다.

"조 선생, 조 선생이 이러는 거 세상에 흔한 고통 중 하나가 될 뿐이라는 거 잘 알지요? 내 말이 무슨 뜻인지 알아듣겠지? 이제 고만 제자리로 돌아가도록 해요. 그리고 앞으로는 학교에서 학교 일만 하면서 지내도록 해요."

그런 일이 있은 후, 새 학기가 되었습니다. 그런데 그분이 출근을 하지 않았습니다. 그분이 맡았던 반은 어느새 낯선 여선생님이 새로 부임을 와서 맡게 되었습니다. 그분은 방학이 끝나기 전에 퇴직서를 내고 그곳을 떠나셨던 것입니다.

그렇게 몇 달이 지나갔습니다. 그 사이 내가 겪은 심적 고통에 대해서는 말로 다 표현할 수 없습니다. 그것은 내 인생이라는 바다에 일어난 일대 폭풍이었다는 말로도 부족하고, 혹은 누워서 잠자던 땅이 일순간 갈라져 천 길 지옥으로 떨어지는 것 같은 경험이었다 해도 모자랄 듯합니다. 무엇보다도 15년 동안이나 아무 탈 없이 근속하시던 정든 교직을 내가 일순간에 물러나시게 하였다는 생각을 하니 더욱 견딜 수가 없었습니다. 그런 번민 속에서 내가 겨우 자신을 추스리고 쓰러지지 않을 수 있었던 것은 남편의 나에 대한 변함없는 믿음과 아내에 대한 남편으로서의 성실함 때문이었습니다.

남편은 소문 없이 퇴직하고 떠나간 늙은 동료 선생님의 일로 괴로워하는 내 입장을 동료 교사로서 당연한 일이라고 공개적으로 위로하여 주었습니다.(남편은 왜 그런 일을 굳이 공개적으로 한 것일까요?) 남편이 내 마음에 일어났던 사건을 충분히 짐작하고 있으면서도 일부러 그런다는 것을 내가 어찌 모르겠습니까? 그런 남편의 나에 대한 공개적인 성실한 태도의 위로로 간신히 나는 그분의 마지막 말씀대로 제자리로 돌아오고 있었습니다.

그런 어느 날 나에게 편지 한 통이 배달되었습니다. 학교가 아닌 집으로 배달 된 편지였습니다. 내 이름과 주소 외에는 보낸 사람의 이름도 주소도 적혀있지 않았습니다. 답장을 기대하지 않는다는 뜻이었을 것입니다.

나는 남편이 보는 앞에서 그 편지를 뜯었습니다. 그래야 될 것 같았습니다. 남편은 자리를 피해 주지 않았습니다. 자리를 피하는 것이 오히려 이상할 것이기 때문이었을 것입니다. 나는 마시던 차를 손에서 놓고 편지 겉봉을 뜯었습니다. 알맹이를 꺼냈습니다. 남편은 찻잔을 들고 보던 티브이를 계속 보고 있었습니다. 편지에는 앞뒤 인사 말 조차 없이 다음과 같이 짤막한 몇 마디 말만 적혀 있었습니다.

"나는 이 나이가 되도록 불륜이라면 무조건 있을 수 없는, 있어서는 안 되는 죄라고만 생각하여 왔습니다. 그러나 이 세상에는 다른 사람들은 모두 돌을 던져도 나 혼자만은 돌을 던질 수 없는 아름다운 불륜도 있을 수 있다는 사실을 처음으로 알게 되었습니다. 그 일이 계기가 되어 평생 완강하게 거부만 해 오던 기독교에 귀의할 결심을 하게 되었습니다. 이제는 편안합니다. 예수는 성경 속에서 오늘도 사람들에게 손가락질 받는 온갖 죄를 다 용서 해 주시고 계셨기 때문입니다. 감사합니다."

선생님, 나는 이 편지를 선생님께 쓰면서 서두에 나는 최근 얼마 동안 어떤 남자와 '친밀하게' 지낸 일이 있다고 썼습니다. 그런데 그분은 나와의 관계를 '불륜'이라고 표현하였습니다. 선생님, 나는 그분이 밉습니다. 그분은 다른 사람은 다 돌을 던져도 당신 자신만은 돌을 던질 수 없는 '불륜'이라고 하였지만 그 말은 결국은 '남이 하면 불륜이고 내가 하면 로맨스'라는 세상의 비웃음과 같은 말이 아니고 무엇이겠습니까?

그러나 나의 그분께 대한 마음은 불륜이 아니었습니다. 결코 결코 세상의 그런 비웃음거리일 수가 없습니다. 절대로 그럴 수도 없고, 그래서도 안 됩니다. 만약 그분께 대한 내 마음이 불륜이었다면, 내가 그분을 더러운 분으로 만든 것이 되지 않습니까? 그분은 불륜을 저지를 분이 아닙니다. 내가 그분의 방에 그 한겨울 내내 두 시간씩 혹은 세 시간씩 머무는 동안에도 그분은 내 손가락 끝도 건드린 일이 없었습니다.

선생님, 내가 이 편지를 선생님께 드리는 까닭은 작가이신 선생님만은 그것은 불륜이 아니었다고 분명히 판단해 주시리라 믿기 때문입니다. 선생님, 그것은 불륜이 아니었다고 큰 소리로 말해 주세요. 그래야 그분이 깨끗하신 분으로 남을 수 있습니다.

나는 아직 그 부인에게 아무 대답도 해 주지 못하고 있다. 다만 그 부인의 사연을 읽은 날 밤 마침 봄비가 내렸는데, 오랜 봄 가뭄 끝에 내리는 단비인데다가 방금 어떤 부인의 이렇다 저렇다 판단하기 어려운 사연을 읽은 감정이 겹쳤기 때문이었을까, 아무튼 세차게 쏟아지는 창밖의 봄비 소리를 듣다 보니 시상詩想이 떠올라 다음과 같은 글을 끄적이게 되었다.

비가 내린다
밤새
끈질기게
창문을 두드리며
다가서는
봄비 소리
속옷마저

벗어 던지고
벌거숭이로
창문을 두드리는
깊은 밤의
교성嬌聲

누가 저 도덕 불감증의
봄비 소리를 위하여
거룩한
세례식을 베풀 수 있나?

사랑이란
들켜버린 도둑질과 같은 것

짐승 짐승
아름다운 짐승
오, 오,

이 땅 위에 두 번 다시 없을
그대
아름다운 나의 짐승!
봄비 오시는
신음 소리

나는 이 시가 그 부인의 이야기와 관련이 있는지 아닌지 잘 모른다. 내가 쓴 시이면서도 그 의미조차 정확하게 말하기 힘들다. 그 부인의 이야기는 불륜이었다는 것인지 아니라는 것인지.

# 물소리

 아파트 사무실에서 빨리 와서 좀 도와 달라는 연락을 받고 달려가 보니 백인 경찰관 두 명과 백인 할머니 한 사람, 그리고 전에 한번 뵌 일이 있는 한국 노인 한 분과 아파트 매니저인 '에멀리'가 나를 기다리고 있었다. '에멀리'는 중국 여자다. 내가 들어서자 '에멀리'가 급히 나에게 상황 설명을 한다. 중국말처럼 느리고 뚝딱스런 그 여자의 영어는 대강 다음과 같은 뜻이었다.

 우선 주말에 쉬는데 귀찮게 해서 미안하다. 그러나 전에 당신이 처음 이 아파트에 왔을 때 저 노인의 말을 통역해 준 일이 있지 않느냐. 그때 당신이 언제든 필요하면 다시 도와 주겠다고도 하지 않았느냐, 그래서 실례인 줄 알면서도 불렀으니 좀 도와 달라. 이 할머니는 저 노인이 사는 아파트 아래층에 사시는 분이다. 그런데 밤에 자다가 이층에서 나는 물소리 때문에 잠을 깨게 된다고 한다. 할머니는 불면증이 있어서 한번 잠이 깨면 다시 잠들기가 힘들다고 한다. 그동안 오래 참아 왔는데 갈수록 더 심해져서 할 수 없이 저 노인에게 말을 좀 하려고 해도 말이 통하지 않아 못하고 있다가 어젯밤에도 또 물소리 때문에 한 숨도 못 자서 할 수 없이 이렇게 경찰한테까지 도움을 청하게 되었다고 한다. 당신이 저 노인에게 왜 자다가 말고 오밤중에 물소리를 내는지 좀 물어 보아 달라.

'에멀리'가 저 노인이라고 말하는 그 한국 노인은 내가 이 아파트로 이사 오기 위해서 아파트 임대 계약을 하러 왔을 때 아파트 사무실에서 한번 뵌 일이 있는 노인이었다. 그때 나는 사무실 소파에 앉아서 '에멀리'가 내어 준 아파트 임대 계약서에 필요한 사항을 적어 넣고 있었고, 그 노인은 한두 마디 알고 있는 영어 단어로 무언가 '에멀리'에게 설명을 하려고 하는데 영어가 워낙 짧아서 쩔쩔 매고 있는 중이었다. '에멀리'가 못 알아듣는 부분을 짐작으로 노인에게 되물으면 노인이 또 그 말을 못 알아듣고 하여 둘이 한참 애만 쓰고 있었던 것이다. 그러다가 '에멀리'가 내가 한국 사람인 것을 생각해 내고 미안하지만 이 노인이 하는 말을 좀 통역해 줄 수 있겠느냐 하여 노인의 말을 통역 해 준 일이 있었던 것이다.

그때 '에멀리'와 노인은 노인의 아들에 관한 이야기를 하고 있던 중이었다. 둘 사이에 오고 가는 얘기를 들어 보니 그때 한참 미국에서는 전국적인 인구센서스(Census 인구 조사)가 진행되고 있었는데 아마 인구 조사 요원이 노인과 말이 통하지 않아서 아파트 매니저에게 그 집 가족 수가 몇이나 물은 일이 있었던 모양이었다. 그러지 않아도 아파트 매니저는 아파트 입주자 중 새로 유입되는 가족이 장기 거주할 경우 이를 파악해 두어야 하는 것이 임무 중 하나였으므로 아들이 이곳에 오래 있을 것이냐, 아니면 금방 갈 것이냐, 노인에게 그걸 물어보았던 모양이었다.

그때 내가 노인에게 저 아파트 매니저가 영감님 아드님께서 이곳에 오래 머물 것인지, 아니면 금방 갈 것인지를 묻고 있습니다 라고 '에멀리'의 말을 통역해 주었더니 그 노인은 마치 아까부터 나하고 대화를 나누고 있었던 것처럼 아무 표정의 변화도 없이, "아, 벌써 갔다니까 자꾸 그러네. 벌써 한 달이나 됐는걸."이라고 대답을 하였다.

내가 재차 "그럼 금방 다시 돌아오지 않을 거란 말씀이시지요?" 라고 되묻자 노인은 "그렇다니까. 다음 겨울 방학 때나 되야 또 잠깐 다녀 갈라나, 그건 그때 가 봐야 알지."라고 대답을 하였다.

내가 그때처럼 노인에게 한국식으로 허리를 굽혀 안녕하시냐고 인사를 하고 '에멀리'의 말을 대강 통역해 주자 노인은 이번에도 그때 처음 보았을 때 그랬던 것처럼 아무 표정의 변화도 없는 얼굴로 "물을 쓰니까 물소리가 나는 거지 참……." 라고 하며 별 걸 다 가지고들 그런다는 투로 말하였다. 내가 노인의 그 말을 가지고는 '에멀리'는 물론 옆에서 우리를 내려다보고 있는 키 큰 두 백인 경찰관을 납득 시킬 수 없고, 더구나 아래층에 사신다는 어깨가 한 뼘 만하게 쪼그라든 그 백인 할머니를 이해시키기에는 어림도 없다는 생각이 들어 다시 노인에게 혹시 노인이 불안해하실까 봐 일부러 아무 일도 아니라는 투로,

"그럼요. 당연한 말씀이지요. 캘리포니아 아파트는 다 목조로 지은 건물이니까 위층에서 물을 쓰면 수도관으로 물 흐르는 소리가 나는 거 어쩔 수 없지요. 그런데 저 할머니가 잠귀가 좀 밝으신가 봅니다. 자다가 물소리에 잠을 깨면 새벽까지 잠을 못 주무시게 되서 어르신께 지금 도움을 청하고 있는 것 같습니다. 오밤중에 물소리를 좀 덜 내실 수 없으시겠느냐고요?"

내가 그렇게 말하자 노인은 자기도 아까부터 왜들 그러는지 다 알아 듣고 있었다는 듯 "알았다고 그랴, 그럼."이라고 말하고 이어서 갑자기 가라앉은 목소리로 "나도 그럴려고 허니께." 라고 뒷말을 이었는데 그 뒷말은 내게 한 말이 아니라 노인 혼잣말인 것 같았다.

내가 '에멀리'가 아닌 경찰관에게 노인께서 밤에 물소리를

안 내도록 하시겠다고 말씀하신다고 말해 주고, 시선을 백인 할머니에게 돌려 "그렇지만 어떡합니까? 오밤중이든 언제든 필요할 때는 물을 쓸 수밖에 없지 않겠습니까? 그러나 이 노인께서 앞으로는 아래층 사람 생각해서 가능한 한 물소리를 덜 내시겠다고 하니 이해해 주시지요." 라고 노인이 하지 않은 말까지 덧붙여서 설명을 해 주자 경찰관은 누구 편도 들 수 없는 처지라 그냥 친절하게 미소 띤 얼굴로 우리들을 쳐다만 보고 있고, '에멀리'도 더 이상 할 말이 없으므로 가만히 사태를 지켜만 보고 있는 눈치였다. 이제 결론은 그 백인 할머니가 내려 주어야 할 차례이므로 우리는 자연히 그 할머니 쪽으로 시선을 모으게 되었다.

그러자 할머니는 그러지 않아도 자기 차례가 오기를 기다리고 있었다는 듯 나와 그 외 모두를 다 돌아보며,

"그 말은 맞는 말이다. 나도 그쯤은 안다. 오밤중에라도 물 쓸 일이 있으면 써야지. 나도 그렇게 하니까. 그런데 내 의문은 어떻게 한 사람이 부엌 물과 샤워장 물을 동시에 사용할 수 있느냐는 거다. 분명 샤워장에서 물 내려가는 소리가 콸콸 나고 있는데 동시에 부엌 쪽에서도 설거지하는 소리가 달그락 거리고 물소리도 콸콸 난다. 그래서 내가 더 잠을 깨게 되는 거다."

할머니가 여기까지 둘러선 사람들의 얼굴을 번갈아 쳐다보며 설명을 한 후 내 쪽으로 시선을 돌려 이 말은 나에게만 하는 말이라는 듯,

"젊은이, 젊은이는 내 말이 무슨 뜻인지 알아듣느냐? 처음에 나는 귀신이 장난하는 소리인 줄 알았다. 그런데 처음에 그렇게 생각했기 때문에 다음에 물소리가 날 때도 매번 귀신 생각을 하게 된다. 그러니 잠을 다 깨 버릴 수밖에 없지 않느냐"
라고 말하였다. 좌중이 할머니의 귀신 얘기에 와 하고 웃음을 터트리게 되어 분위기는 그러지 않아도 별것이 아니었던 일이라 농담처럼 되어 버리고 말았다.

며칠 후 저녁을 먹은 후 걷기 운동을 하다가 나는 아파트 앞 벤치에 나와 앉아 있는 그 노인을 보게 되었다. 내가 반보로 뛰던 걸음을 잠시 멈추며 허리를 굽혀 인사를 하자 노인도 아는 체를 하며 손을 들어 보였다.

내가 반보 뛰는 걸음으로 그 길 끝 까지 갔다가 돌아오는 길에 보니 노인은 아직도 그 자리에 앉아 있었다. 나는 왠지 노인 옆에 가 잠시 앉았다 가는 것이 도리일 것 같다는 생각이 들어 노인 옆 벤치에 가 앉았다.

"이곳은 지대가 높아서 그런지 저 아랫동네보다 훨씬 바람이 많은 것 같습니다. 저녁때 운동하기도 좋구요."
라고 벤치에 앉으며 내가 말했다. 노인은 알아들었다는 표정만 잠시 보일 뿐 대꾸는 없으시다.

조금 있다가 다시 내가,
"저녁은 드셨습니까?"

라고 말하자 이번에도 노인은 그렇다는 표정만 잠시 보이고 그만이다.

1분쯤 지나 말없이 그냥 앉아 있기도 거북하고 해서 내가 일어날 기미를 보이자 그제야 노인이 뭐라고 입을 연다. 그런데 노인의 말은 뜻밖에도 지난번 그 물소리에 관한 이야기였다.

"물소리는 내가 내는 게 아니여."

나는 노인이 혼자 살고 계신 줄로만 알았기 때문에 그 말에 조금 의외다 싶어, "그렇습니까? 그럼 누가 어르신과 같이 사시는 분이 계시군요?" 라고 노인의 말을 받았다.

"아니여, 물소리는 애들 에미가 내는 소리여."

노인은 지난번처럼 지금도 나와 한참 대화를 나누고 있던 중인 것 같은 말투였다. 내가 이 노인을 처음 뵈었을 때부터 아주 편하게 대할 수 있었던 까닭이 노인의 말투가 편해서 그랬었구나 하는 사실을 나는 비로소 깨닫는다.

그러자 물소리는 애들 에미가 내는 소리라는 노인의 말이 더욱 반갑게 들렸다. 나는 노인이 혼자 사시는 분인 줄로만 알았다가 같이 사는 사람이 있다는 것을 알게 되었고, 더구나 그 같이 사시는 분이 노인의 부인이라니 여간 마음이 놓이고 반갑지 않았던 것이다.

그래서 내가, "아, 할머니가 계셨군요. 나는 어르신께서 혼자 사시는 줄로만 알았지요."라고 말하자 노인이 다시 다음과 같이 아무 감정의 변화도 없는 말투로 말한다.

"아니야, 애 에민 죽었어. 벌써 5년이나 됐는 걸."

내가 노인의 말에 당황하여, 그러나 내색은 하지 않고, 그렇다고 갑자기 대꾸할 말도 떠오르지 않아 잠시 머뭇거리자 노인이 다음 말을 잇는다. (혹시 치매기가 있으신가?)

"자다 보면 물소리가 나. 그래서 부엌에 나가 보면 아무도 없고."

노인의 부인, 그러니까 돌아가신 할머니는 살아 계실 때 하루 종일 물소리 내기를 무엇보다도 즐겨하신 분이었다고 한다. 젊어서부터 쓸고 닦기를 좋아해서 죽을 임시까지 집안에 물소리가 그칠 날이 없었다는 것이다. 그런데 할머니가 살았을 때는 여자들이 부엌에서 물을 쓰는 일이야 매일 있는 당연한 일이라 별 신경을 쓴 일조차 없었는데 아내가 죽은 후 언제부턴가 귀에 자꾸 아내의 물소리가 들린다는 것이었다.

특별히 자다가 잠결에 아내의 물소리를 듣고 깜짝 깨어 일어나 부엌으로, 그리고 샤워장으로 달려가 보지만 아무도 없는 것을 발견하면 여간 허망스럽지가 않다는 것이었다. 그래서 자신도 모르게 수돗물을 틀어 놓게 된다는 것이었다. 그래야 아내가 죽고 없다는 사실을 현실로 받아들일 수 있고, 마음도 가라앉게 된다는 것이었다.

# 고양이

 저녁에 일을 마치고 온 나에게 아내가, 좀 전에 당신만 한 연세의 웬 낯선 남자가 찾아왔었노라고, 이 아파트 G동엔가 산다고 하던데 아는 분이냐고 물었다. G동에 사는 나만한 연세의 남자로 내가 아는 사람이 누굴까? 우리가 이 아파트 단지로 이사온 지 반 년 정도밖에 안 되었고 미국식 생활 습관대로 살다 보니 한 아파트 단지 내에 사는 동양 사람이 한국 사람인지 중국 사람인지도 모르고 사는 처지인데 나를 안다는 사람이 있다니 누굴까?

 저녁을 먹고 앉아 있는데, 전화번호를 적어 가지고 갔으니까 아마 전화가 올 거라던 아내의 말대로 과연 전화가 걸려왔다. 아내가, 아 그러시냐고, 지금 집에 계시다고, 잠깐 기다리라며 건네주는 전화를 받아 보니 매우 점잖은 목소리의 낯선 남자 음성이었다. 초면에 실례가 많다는 말로 시작된 그 낯선 남자의 음성은 바로 얼마 전 물소리 때문에 아래층 백인 할머니와 사이에 잠깐 실랑이가 있었던 그 한국인 할아버지의 아들이라는 사람이었다. 아버님이 선생께 많은 도움을 입고 있다고 하셔서 그러지 않아도 한번 찾아뵙고 인사를 드리려던 참이었는데 마침 또 아버님 일로 한 번 더 긴히 부탁 겸 의논의 말씀을 드리고 싶어서 한번 찾아뵙고자 한다는 것이 전화 속 그 노인 아들의 말이었다.

얼마 전 아래층 백인 노인과의 실랑이란 아파트 이층에 살고 있는, 지금 전화를 걸어 온 남자의 아버님 되는 노인이 밤에 자다 말고 수돗물을 한참씩 틀어놓곤 해서 아래층에 사는 할머니가 잠을 잘 수 없다고 불평하는 것을 내가 중간에서 통역을 하여 화해를 보게 한 일이었다.

잠시 후, 나는 괜찮으니 지금이라도 오시려면 오시라고 한 내 말대로 그 낯선 남자가 아파트 문을 노크하였다. 문을 열고 첫 대면을 한 남자는 여간 몸가짐이 점잖지 않았다. 얼굴빛도 깨끗하고 안정된 것이 꼭 잘 길러 놓은 어느 집 대학생 아들 같은 느낌이었다. 그러지 않아도 전에 그 노인을 처음 대면하게 된 것이 노인의 아들에 관한 일 때문이었고, 나는 '학교가 방학이 되어야 또 잠깐 다녀 갈라나.'라는 노인의 말에서 노인의 연세는 생각지 않고 대학생 아들 정도로 얼핏 생각하고 있었던 터라 지금 내 아파트 방문 밖에 서 있는 그 노인의 아들이 아내의 말대로 내 나이뻘이 되어 보이는 사람인데도 느낌만은 마치 든든한 대학생을 대하는 듯하였던 것이다.

　방으로 들어와 자리에 앉은 그 남자는 우선 자기소개부터 하였다. 이름이 정명철이라는 그 남자는 싼타바바라에 있는 대학에서 물리학 강의를 하고 있는 교수라 하였다. 오늘 이렇게 갑자기 찾아뵙게 된 것은 다름이 아니라 아버님 일로 긴히 부탁의 말씀을 드리려고 실례를 무릅쓰고 찾아왔노라면서 하는 얘기가, 평소 다른 사람 칭찬을 좀처럼 잘 하시지 않는 아버님이 선생님 칭찬을 여러 번 하시며 고마워하여 실은 그런 까닭으로 선생님이 아버님을 좀 설득하여 자기가 살고 있는 산타바바라로 이사를 가시도록 해 주셨으면 고맙겠다는 것이 그 정명철이라는 남자의 아버지에 관한 부탁이었다.

　무슨 얘긴가 하여 자세히 들어 보니, 어머님이 돌아가신 지 5년이 되었는데도 아버님이 좀처럼 이곳을 떠나려 하시지 않는다는 것이었다. 그동안은 직장이 LA에 있었기 때문에 자주 찾아뵈며 이것저것 돌봐 드릴 수 있었지만 지난해부터는 산타바바라 대학으로 전근을 가게 되어서 거리 관계상 자주 아버님을 찾아 뵐 수 없게 되어 이사를 가시자고 해도 무엇 때문엔지 막무가내로 싫다고 하신다는 것이다. 혹시 며느리한테 마음에 안 드시는 점이라도 있는가 여러 모로 아버님 마음을 떠보았지만 그런 것 같지는 않고, 아내 되는 사람도 성질이 좋은 편이라 시아버지를 친정아버지 대하듯 하여 평소 시아버지를 부를 때도 아버님이라 하지 않고 아버지 아버지 하고 불러서 그래도 되는 건가 어리둥절할 정도였다고 한다. 그리고 실제로 시아버님 걱정을 나보다 더 심하게 하여 이번에도 실은 아내의 독촉에 못 이겨 이렇게 선생님까지 아버님 이사 작전에 동원하게 되었노라며 꼭 좀 아버님의 마음을 움직여 달라고 통 사정이었다.

산타바바라 라면 나도 한 두어 해 가서 살아 본 일이 있는 곳이라 익히 잘 아는 곳이었다. LA 북쪽 바닷가 산등성이에 가파르게 붙어있는 동네로 발목이 바닷물에 빠지기 전에 황급히 걷어 올려야 제대로 길을 갈 수 있을 정도로 바닷가에 바짝 연하여 있는 소도시였다. LA에서부터라면 자동차로 약 세 시간쯤 걸리는 곳이니 내가 살고 있는 이곳 오렌지 카운티에서는 네 시간 거리가 되는 셈이다. 주말에 네 시간 거리를 왔다 갔다 하려면 길에서 버리는 시간이 여덟 시간이나 되므로 다음 주 강의 준비에 바쁠 대학 교수로서는 무리한 일일 것은 당연한 일이었다. 더구나 감기라도 걸려 누워 계시게 되면 아무 때라도 달려 와야 할 텐데 큰일은 큰일일 터였다.

그런데 노인은 어째서 아들네 집에 가 살려고 하시지 않는 것일까? 산타바바라는 햇볕도 유난이 쨍 하게 밝고 산수도 맑아 바다면 바다, 산이면 산, 취향대로 바라보며 산책하기에도 좋고 또 바다에는 물고기도 많아 아무데나 낚시를 던져도 솥뚜껑까지는 안 되어도 냄비 뚜껑만은 한 가재미가 펄떡펄떡

잡혀 올라오는 곳인데 아들 딸 복스럽게 낳아 기르고 있다는 그 아들 내외의 아이들, 그러니까 손주 녀석들 노는 모양도 지켜봐 주며 산다면 그야말로 한 폭의 그림 같은 모양이 될 터인데 그것 참, 별난 노인이로군.

그러나, 정 노인이 내가 한 두어 번 영어 소통을 도와 준 일을 가지고 그렇게까지 고마워하시고 칭찬까지 하셨다니 뜻밖이라는 느낌이 들긴 하지만, 그러나 그것뿐으로 나는 그동안 그 노인에 대해서 실제로 아는 바가 전무한 상태였던 터라 갑작스런 아들의 부탁을 어떻게 받아들여야 할지 묘안이 떠오르지 않았다. 전에 처럼 아파트 매니저라도 중간에 나서서 나를 불러내어 도움을 요청한다면 다시 달려가 필요에 따라 이런 저런 말로 도움을 드릴 수 있겠지만, 눈치로 보아하니 그 정씨 성을 쓴다는 대학 교수 아들이 나를 찾아와 아버님 이사 결심 부탁을 드리는 것도 아버님한테는 알리지 않고 자기 혼자 생각으로 이렇게 하는 일 같은데 내 편에서 불쑥 노인을 찾아뵙고 왜 이사를 안 가시느냐고 따질 수도 없는 일이고 참 난감한 일이었다.

그러나 그 대학 교수 아들의 부탁이 하도 점잖고 또 그 태도가 그보다 더한 일을 부탁했더라도 거절하지 못할 정도로 진실하여 아무 묘책도 떠오르지 않는 상태였지만 알았노라고, 내 틈 있는 대로 잘 말씀 드려 보겠노라고 자신 없는 약속을 되레 굳게 하여서 아들을 돌려보냈다. 그리고는 잊어 버렸다.

며칠 후 아내가, 여보 그때 그 일 알아 보셨어요? 왜 그 G동엔가 사신다는 영감님 말예요, 아들네한테루 이사 안 가시려고 한다는, 이라고 그때 일을 끄집어낸다. 나는 아내의 그 말에 왠지 속으로 역정이 나서 아무 대답도 하지 않았다.

그런데 참 아내는 이상도 하다. 내가 아무 말도 안 할 때는 역정이 나서 그런다는 걸 뻔히 알 텐데도, 그래서 그동안은 아내의 말에 내가 대꾸를 않으면 이내 아내 편에서 눈치를 채고 더 이상 채근을 안 하곤 했었는데 이번에는 웬일로인지 돌아앉으며 한마디 토를 달고 만다. 그러게 왜 그런 자신 없는 약속은 불쑥 하셨어요 글쎄. 이제나 저제나 기다리고 있을 텐데, 점잖은 사람이던데…….

아, 거 좀 잠자코 있어요. 나도 고민 중이니까. 나는 끝내 아내에게 역정을 내고 말았다. 나도 고민 중이라는 나의 말은 생판 빈말은 아니었다. 아내의 말대로 무슨 방도가 떠오르지 않아 잊어버린 것처럼 지내고 있었을 뿐 실은 나는 그 일로 여간 안절부절한 것이 아니었다.

아내와의 그런 대화가 오간 후 또 한 일주일쯤 지나서였던 것 같다. 부엌일을 하고 있던 아내가 평소 버릇대로 무얼 잊어버리고 안 사온 것이 있었던 모양인지, 이번에는 식용유를 빠트리고 안 사왔다며 좀 사다 달라고 하여 마켓에 갔다.

아내는 무얼 잘 잊어버린다. 그러나 나는 그게 여간 고맙지 않다. 왜냐하면 어렸을 때 내가 엄마한테 그랬던 것처럼 아내한테 종종 심통을 부리거나 역정을 내어도 아내는 돌아앉으면 금세 잊어 버려 주니까. 그렇지 않았더라면 아내는 힘들어서 나하고 진즉에 더 살지 못했을 것이고 나도 미안해서 아내를 더 사랑할 수 없었을 것이다. 나는 그래서 아내가 마켓에 갔다가 무얼 또 잊어버리고 오지 않나 해서 오히려 기다리는 편이다. 아내가 아무것도 잊어버리지 않고 몇 주일이 지나가면 나는 차츰 불안해진다. 혹시 아내의 몸뚱어리가 내가 쏟아 부은 거친 말이나 성질들로 독이 들어서 부어오르지나 않을까. 잊어버리지 않으면 그것들이 죄다 아내를 죽이는 독이 될 터인데. 그러다가 아내가 무얼 또 잊어버리고 안 사왔다고 하면 나는 후유 안도의 숨을 내 쉬고 아무리 직장 일로 피곤한 날이라도 쏜살같이 달려가 사다 주곤 한다.

내가 식용유가 진열되어 있는 칸을 두리번거리며 찾고 있는데 저만큼에서 종이쪽지에 적은 물건 살 목록을 몇 번씩 들여다보면서 무얼 찾고 있는 노인이 있었는데 틀림없는 그 정 노인이었다. 내가 한편은 찔끔하는 느낌이면서도 너무나 반가워서 "어르신, 어르신 맞으시지요? 저 아시겠어요?" 하고 다가가자 노인이 잠시 날 못 알아보시는 눈치다가 금방 기억에 떠올리신 듯, "아! 자넨가? 마침 잘 만났네. 내가 눈이 어두워서 그런지, 분명 여기쯤이었는데 내 눈엔 안 보여. 이 칸이 카레라이스 있는데 맞지? 전에 애 엄마하고 다닐 땐 분명 여기쯤이었는데."

"아 그래요? 오늘 저녁은 카레라이스로 진지를 해 드시려구요?"

"아니야, 나는 카레라이스가 톡 쏘는 맛이어서 안 좋아하지만 애 에미가 그걸 좋아했거든. 그런데 찾을 수가 없어. 자네가 좀 찾아 주겠나?"

"네 어르신. 이쪽으로 오세요. 저도 카레라이스를 좋아해서 어디 있는지 알아요. 전에는 카레라이스가 이 줄에 있었던 거 맞는데요. 마켓 주인이 바뀌면서 리모델링, 아니 내부 진열을 다시 했거든요. 카레라이스는 저쪽 줄에 있어요. 이리 오세요. 제가 찾아드리지요."

그런데 노인은 당신께서는 카레라이스가 톡 쏘는 맛 때문에 안 좋으시다면서 왜 그걸 사 가시려는 것일까? 혹시 노인은 지금 현실과 환상 사이를 오락가락 하고 계신 것은 아닐까. 문득 전에 노인의 아들이 하던 말이 생각났다. '끓여 잡수시는 것도 그렇고, 도저히 이건 이래서는 안 될 일이라고, 정 싫으시다면 본인 의사와 관계없이 억지로라도 모시고 가던지, 아니면 간병인이라도 마련해 드릴 수밖에 없을 것 같다.'고.

그러나 지금 나와 함께 시장을 보고 계신 할아버지는 겉으로는 여간 정정하신 모양이 아니시다. 손에는 카레라이스에 넣어 끓여 드실 것인 듯 감자 두어 알과 파 한 단, 그리고 다른 물건이 들어 있는 비닐봉지를 들고 나를 따라 오시는 걸음걸이가 조금도 흩어짐이 없고 또박또박 잘 걸으신다. 그렇다면 지금 카레라이스를 찾으시는 것도 온전한 당신 정신으로 찾으시는 것이 분명할 텐데, 그렇다면 본인은 싫어하신다면서, 왜 찾으시는 것일까?

나도 식용유 한 병과 그리고 같은 칸에 있는 후춧가루 한 통이 살 것의 전부 다였고, 노인도 카레라이스 한 통이 살 목록의 마지막이었으므로 우리는 곧 마켓을 나왔다. 마켓은 아파트에서 두어 블록(약 2마일)쯤 밖에 안 떨어진 곳에 있었지만 나는 습관대로 차를 타고 왔으므로 노인을 태워다 드리겠다며 권하였더니 노인이 아니라고 손을 내저으시며, 그러나 뜻밖의 제안을 하신다. "자네 아직 저녁 전이지? 짬뽕 한 그릇 안 먹겠나?"

"네? 짬뽕이요? 짬뽕이 드시고 싶으세요? 그럼 제가 대접해 드리겠습니다. 저기 저 중국집도 괜찮으세요? 아니면 저 아래로 가면 동래각이라는 데도 있는데."

"아니여. 저기가 좋아. 애 엄마 살았을 때는 늘 저 집에서 먹곤 했거든."

한국 마켓 단지 안에 있는 한국인이 주인인 그 중국 음식점에서 짬뽕 한 그릇을 시키신 노인은 어찌나 맛있게 잡수시는지 한 그릇 더 권해 드리고 싶을 정도였다. 나는 짜장면을 시켜 먹었는데 반쯤 그릇을 비우신 노인이, "자네 물만두는 안 좋아하나?"라고 불쑥 물으신다. 내가 아차, 다른 요리도 더 시켜 드려야 할 걸 실수 했구나 싶어, "좋아하는데요, 물만두 하나씩 더 시킬까요?'라고 하자 노인이 아니라고, 그래서 그런 게 아니라고 완강히 손을 내젓는다. 그러는 노인의 표정이 정말인 것 같았다.

그러나 잠시 후 노인은 왜 물만두 얘기를 꺼냈었는지 스스로 사연을 말씀하시기 시작하신다.

"그 사람은 워낙에 성질이 깨끗한 것만 좋아해서 먹는 것두 나처럼 이렇게 텁텁한 것은 쳐다두 안 보았어. 이 집에두 내가 워낙에 뜨거운 짬뽕 국물을 안주 삼아서 빼갈 한잔씩 걸치는 걸 좋아하니까 그냥 따라 들어왔다가, 거기 지금 자네가 앉아 있는 그 자리가 그 사람 자리였는데, 그림처럼 거기 앉아서 방금 끓는 물에서 건져낸 뽀얀 물만두만 몇 개 집어 먹곤 했었지. 그것두 따끈따끈해서 입천장이 놀랄 동안만 몇 개 집어 먹고 좀 식었다 싶으면 그만 젓가락 내려놓고 그걸루 고만이었어."

나는 잠자코 듣고만 있었다. 무엇이라 대꾸할 말도 없었지만 왠지 아무 말도 해서는 안 된다는 생각이 들었기 때문이었다. 나는 이제야 겨우 아까 마켓 안에서, 나는 카레라이스가 톡 쏘는 맛 때문에 안 좋아하지만 애 엄마가 그걸 좋아했다는 노인의 말과, 자네 짬뽕 한 그릇 안 먹고 가겠나, 라고 불쑥 뜻밖의 제안을 해 온 노인의 심정을 알아차리게 되었다. 노인은 지금 혼자 계신 것이 아니었다. 옛날의 부인과 함께 계신 것이었다. 방금, '자네가 앉아 있는 그 자리에' 지금도 그림같이 앉아 계실 당신. 노인은 지금 그분과 대화를 나누고 계신 중이었다.

 "고생도 많이 시켰어. 장사한다구 팔도강산 안 돌아다닌 데가 없었거든. 여자들의 독수공방이 남자들하고는 달리 몸 고생보다두 마음고생이 더 크다는 걸 젊어서는 몰랐었지. 아들 녀석 공부 뒷바라지한다며 미국 온 다음부터야 겨우 한 이부자리에서 잠을 자게 되었는데 그땐 다 늙은 다음이었는 걸. 후회가 돼. 불쌍도 하구. 봄철이면 개나리처럼 쌀쌀 맞으면서두 예뻤구 여름이면 수선화처럼 아무리 더워도 흐트러짐이 없는 사람이었어. 그러다가 가을이 되면 꼭 노란 물 든 은행잎처럼……, 그래. 죽을 때도 꼭 노란 은행잎처럼, 그렇게 똑 떨어지고 말았었지. 깨끗하게. 세상에 그런 여자 없어. 다시 태어난다면 나는 그때는 그 사람만을 위해서 살아 볼 작정이야. 남자들이 욕심내서 쫓아다니는 세상 일들이 결국은 다 부질없는 일들이란 걸 두 번 다시 확인해 볼 필요 있겠나? 이 세상에 태어났다가 사람 하나 얻어 가는 것보다 더 중요한 일이 세상에 없다는 걸 그 사람은 나한테 가르쳐 주고 갔어. 그걸 아직 살았을 적에, 한 석 달 전쯤에만 일찍 알았더래두……."

 그러나 나는 노인의 말을 듣는 한편 이제나 저제나 하며 노인에게 아들네 집 이사를 권할 기회가 없을까 하는 딴 생각에 빠져 있었다. 노인이 먹다 만 짬뽕 그릇에서 국수 가락을 또 한 점 건져 올리는 걸 본 나는 기회다 싶어, "참, 어르신, 빼갈 한 잔 안 하시겠습니까?" 라고 분위기도 바꿔 볼 겸 딴전을 부려 보았다. 다행히 노인도 금방 현실로 돌아와, "아녀, 지금은 술 안 해. 못 해. 속이 다 벗나벼. 나도 갈 때가 다 된 거지. 빨리 갔으믄 좋겠어. 아마 기다리고 있을 거야. 암, 그 사람은 그럴 사람이지. 그건 내 알어."

"그러니까요, 어르신, 이참에 아들네 집에 가셔서 편히 계시다가 할머님 뵈러 가시게 되면, 할머님께서도 그동안 안심하시고 기다리실 수 있지 않겠어요?"

내가 기회다 싶어 이렇게 불쑥 내놓았더니 노인이 딱 소리 내듯 금세 얼굴이 굳어지더니 아직 다 먹지 못한 짬뽕 그릇을 남겨둔 채 막무가내로 그만 가자며 일어서신다. 마음이 상하신 것이 틀림없는 것 같지만 딱히 내가 못 할 말을 한 것도 아니어서 그냥 멍한 심정으로 어정어정 노인이 하시자는 대로 따라 일어설 수밖에 없었다.

집 앞에 와서 노인의 마켓 봉지를 건네주며, 그럼 안녕히 계시라고, 또 뵙겠습니다, 라고 어정쩡한 기분으로 인사를 하고 돌아서는데, 여보게, 라고 노인이 뒤에서 부른다. 나는 찔끔하며, 마침내 야단이라도 치시려나, 자신 없는 태도로 다시 노인 쪽을 향해 돌아섰다.

"이보게 젊은이, 자네 고양이가 살던 동네를 떠나 다른 동네로 이사 가는 걸 본 일 있나?"

왠지 노인을 정면으로 볼 용기가 없어 반쯤 옆으로 비껴 서 있는 나에게 노인이 아파트 문을 잡고 들어가시려다 말고 뒤를 돌아다보시며 하시는 말씀이었다.

  내가 갑작스런 질문에 대답 할 바를 몰라 우물쭈물 하고 있자, 대답을 바라고 한 말은 아니라는 듯, "사람도 같이 살다 혼자 남으면 고양이가 되는 벱이여. 아들 녀석이 뭐라고 하였는지는 모르지만 아예 같은 말 두 번 다시 하지 마시게. 어서 가보시게. 오늘도 고마웠네." 라고 말을 딱 끊으시고 만다.

  나는 어쩔 줄을 몰라, 실로 쥐구멍이라도 있으면 숨고 싶은 그런 심정이 되어 허리만 구십도 각도로 굽혀 잘못이라도 빌 듯 네, 네, 빈 대답만 하다가 노인이 문 안으로 사라지는 걸 보고 나서야 겨우 그 자리를 떠날 수 있었다. 그러니까 노인에게는 아까 마켓 안에서 만났을 때 카레라이스가 진열되어 있던 그 자리가 그 사람과 같이 살던 동네였고, 자네가 지금 앉아 있는 그 자리에 그림처럼 앉아 물만두가 식기 전에 몇 점 집어 먹던 그 자리가 바로 그 사람과 같이 있던 자리였던 것이다. 그래서 노인은 그곳을 못 떠나고 있는, 혼자 남은 고양이였던 것이다.

  집에 돌아오니 아내가 사색이 되어 앉아 있다가 쫓아 나오며, 어딜 갔었느냐고, 식용유 한 병 사러 간 사람이 이럴 수가 있느냐고 경찰을 부를까, 찾으러 나갈까, 막 그러고 있던 참이라고 금방 울음이라도 터트릴 듯 생난리였다.

  나는 노인과 짜장면 한 그릇을 먹었으므로 저녁 생각은 없었지만 아내를 동무 해 방금 사 온 식용유에 튀겨낸 전만 몇 점 집어 먹으며 마켓에서 노인을 만났던 얘기를 아내에게 해 주었다. 고양이 얘기도 할까 하다가 아내는 눈물이 워낙 많은 사람이므로 또 금방 눈물이 한강이 될 게 분명 하였으므로 안 하려고 하다가 아내가 이사 이야기는 해 보았느냐고 다그치는 바람에, 해 보았다고, 그러나 혼만 나고 말았다고 시작한 말이 고양이 얘기까지 하게 되어 다 털어 놓고 말았다.

아내는 내가 입을 다물기 전에 벌써 슬그머니 밥 먹던 수저를 내려놓고 화장실엘 간다며 일어선다. 밥 먹다 말고 웬 화장실인가? 평소 아내답지 않게.

얼마 후 화장실에서 나온 아내의 얼굴을 보니 세수를 해도 여러 번 한 얼굴이었다. 그러나 그새 부어 오른 눈자위의 붉은 빛은 아직 씻겨 내려가지 않은 그대로였다. 그러니까 고양이 얘기는 안 했어야 하는 건데.

그날 밤 아내를 품에 안은 나는, 그냥 이렇게 두 몸이 한 몸으로 딱 붙어 버릴 수는 없을까, 하는 엉뚱한 생각을 하고 있었다. 그렇게 두 몸이 한데 붙어서 태어나는 쌍둥이도 있다고 하던데. 그러면 죽을 때도 같이 죽을 수밖에 없을 것이고 죽은 다음에도 헤어지지 않고 어디든 같이 다닐 수 있지 않겠는가? 아내도 같은 생각을 하고 있었던 것일까? 전에 없이 내 허리를 꽉 끌어 잡아 당겨서 좀처럼 놓아 주질 않았다.

# 이명 耳鳴

며칠 동안 흐리고 비가 내리더니 오늘은 아침부터 햇살이 눈부시게 밝았다. 커튼 사이로 비집고 들어 온 빛줄기가 쨍 소리라도 날듯 날이 곤았다.

커튼을 젖히자 창밖에 밀려와 있던 햇살이 일시에 방 안 가득히 밀려들었다. 눈이 부셔서 잠시 아무것도 볼 수 없다. 새들도 빗물에 목을 씻어냈는가. 뾰롱뾰롱, 노랫소리에 기름기가 흘렀다.

정신을 가다듬고 창밖을 내다보았다. 바다 건너 고국의 맑은 하늘이 생각나는 밝게 갠 하늘이었다. 점점이 떠 있는 흰 구름은 마치 호수에 떠 있는 조각배처럼 천천히 미끄러져 간다.

조각구름을 따라 미끄러져 가던 시선이 건너편 새들백 산(Mountain Saddleback. L.A 동남부에 위치한 산)의 맵시 있게 뻗은 산등성이에 내려앉았다. 보름 전까지만 해도 산 정상에 희끗희끗 잔설殘雪이 건너다 보였는데 이번 비에 그마저도 말끔히 씻겨 내려갔는가 보다. 금방 김이라도 무럭무럭 피어오를 듯 풀어헤쳐진 모습이었다.

남가주에도 이제 정녕 봄이 왔는가. 사철 푸른 열대 식물들이 그래도 봄단장만은 따로 해야 된다는 듯 한껏 푸른 자태를 뽐내고 있었다.

비 오다 갠 이 아름다운 봄날 아침 한때는 얼마나 소중한 것인가. 특별히 4계절의 변화가 뚜렷한 이름 그대로 아름다운 금수강산에서 살다가 엘에이LA의 사막도시로 이민 온 한국인들에게는 두꺼운 스모그 깡통 벽 속 같은 도시의 하늘밑에 갇혀 살다가 오랜만에 맑은 태양의 정기를 호흡할 수 있는 이 짧은 봄날 한때는 무엇과도 비교할 수 없는 축복의 계절이다.

우리들 인생에도 비 오다 갠 봄날 아침처럼 소생과 축복의 날이 있지 않을까. 문득 가까이 지내던 조 형 생각이 떠올랐다. 그동안 어디서 어떻게 지내고 있기에 이리 소식 한 자 없는 걸까.

조 형은 내가 미국에 이민 온 후 알게 된 친구로 타국 생활에 서로가 외롭던 처지라 금방 가족들도 왕래를 하며 가까이 지내던 친구였다.

그런데 언제부터였던가, 그 가정에 문제가 있는 것 같다는 소문이 바람결에 들려오기 시작하였을 때부터였을 것이다. 그와의 왕래가 차츰 뜸해지더니 지난 일 년여 동안은 아예 이렇다 할 소문조차 듣지 못하였다.

그가 만약 오늘 같이 햇볕 밝은 봄날 아침에 불쑥 내 집을 찾아온다면 나는 문을 활짝 열고, '아니 이거 조 형이 아니시오?', 두 팔로 얼싸안고 반갑게 맞아들일 텐데.

그런 나의 반김에 만약 그가 전에 없이 공손히 허리를 굽혀 뜻밖의 절을 하게 된다면…?

그러면 나는 어쩔 수 없이 당황하게 될 것이다. 그와 나는 동년배이기는 하지만 객지에서 만난 터라 말은 놓고 지내지 않았지만 나를 손 위 사람 대하듯 한 일도 그럴 이유도 없었기 때문이다.

"아니, 조 형, 절은 무슨 절이오, 나한테?"

당황해하는 나에게 그가 더욱 공손한 말투로,

"그동안 죄송하였습니다."

라고 한다면 그건 분명 사건이 될 것이다. 그럴 만한 사연이 있는.

"그건 또 무슨 말이오? 자, 어서 들어오시오."

조 형은 집 안으로 들어와 신을 벗을 것이다.

"그런데 그 동안은 어디에 가 있었기에 소식 한 자 없었소? 그러지 않아도 궁금해 하던 차였는데, 자 이리 와 앉으시오."

방 안에 들어서서도 전에 없이 엉거주춤 서 있는 조 형에게 나는 이렇게 말문을 열 것이다.

조 형은 잠시 아무 대답이 없겠지. 그리고 자리에 앉으며 기도라도 드리듯 두 손을 모아 잡을 것이다. 다시 내 편에서 무엇이라 고든 말을 붙여 볼 수밖에 없어서,

"미세스 조 께서두 안녕하시지요?"

라고 입을 열겠지.

숙이고 있던 고개를 든 조 형의 눈에 얼핏 물기 같은 것이 어려 있는 것을 발견하게 된다면 내 편에서 또다시 당황하여,

"뭐 마실 거라도, 우리 집엔 지금도 술은 없고, 차라도 한 잔……."

이라고 말하게 될 것이고, 그러자 조 형이 평정을 찾은 듯 이렇게 대답한다면 얼마나 좋을까.

"아닙니다. 저 술 끊었습니다."

"아, 그래요? 그것 참 반가운 말입니다. 어떻게 그렇게 좋아하던 술을……?"

"네, 그렇게 되었습니다."

"그럼 담배도……?"

"네, 그렇게 되고 말았습니다. 손 장난, 아니 화투 장난도 손 뗐구요."

"그럼 그때 교회만은 죽어두 안 다니겠다고 하더니……?"

"네, 실은 그래서 오늘 이렇게……."

조 형이 이렇게 말을 하게 된다면, 그 다음 번에는 정색을 하고 나를 바라보겠지.

"그래서라니요? 무슨 별 일이라도 있었습니까?"

"아닙니다. 이젠 아무 문제도 없습니다."

"그러면……, 아, 그 성질 급하던 조 형은 다 어디 갔소? 그냥 편하게 말 해 봐요."

"네, 실은 이 형한테 고맙기도 하구, 무엇보다도 하나님께 감사한 일이라서……."

"허어! 오늘 내 집에 경사가 났습니다. 조 형 입에서 하나님께 감사하다는 말이 다 나오고, 이거 정말 경삽니다."

나의 이 같은 대답에 만약에 조 형이 다음과 같은 그간의 사연을 털어놓게 된다면 참으로 이 아름다운 봄날 아침의 경사가 아닐 수 없을 것이다.

"그동안 정말 부끄러웠습니다. 이 형이 잘 알고 있는 대로 아내하고는 완전히 갈라서는 단계까지 갔었습니다. 실제로 한동안 별거까지 했었으니까요. 그래서 속도 상하고 남 보기에도 창피한 일이라 어디 낯선 데로 떠나 버리려고 동부 쪽으로 무작정 차를 몰았습니다. 그런데 참으로 이상한 일이 생겼습니다. 차가 도시를 벗어나 사막 길로 들어서서 한참 달리는데 어디쯤에선가 차 안에서 이 형의 목소리가 들리는 겁니다. 지금도 이 형께서는 말씀하실 때 아, 라든지 그 참……, 이라든지 하는 투의 말씀을 자주 하시는데 나는 바로 그런 이 형의 목소리를 달리는 차 안에서 들었던 겁니다. '허어, 그 참……, 조 형! 또 괜한 고집을 부리구 있구만.' 나는 깜짝 놀랐습니다. 얼른 차 뒷좌석을 돌아다

보았습니다. 물론 거기에 이 형이 있을 리가 없었지요. 나는 다시 차를 몰았습니다. 그러자 얼마 후에 또 다시 이 형의 목소리가 들려오는 것이었습니다. '조 형, 내가 뭐라 했소? 자기를 버려야 된다고 하지 않았소? 자, 이제라도 내 말대로 한번 해 보시오. 이 판사판 아니오?' 자주 듣던 이 형의 조언의 말씀이었지요. 그런데 그런 이 형의 말이 어찌나 또렷하게 들리는지 정말 옆 좌석에 이 형이 같이 타고 있는 듯 한 느낌이었습니다. 나는 다시 달리는 차 안을 돌아다보았지만 여전히 자동차 안에는 나밖에 다른 사람이 없었습니다. 그 순간 나는 갑자기 정신이 확 돌아 버릴 것 같은 충격에 사로잡혀 사막 한가운데다 차를 세웠습니다. '버리시오! 자기를 버리고 돌아가시오! 그것만이 살 길이오!' 아, 정말 미칠 것 같았습니다. 자동차 엔진 소리마저 뚝 그쳐 버린 적막한 사막 한 가운데서 이 형의 목소리만이 귓속을 울려대고 있었으니 미칠 일이 아니겠습니까? 나는 귀를 틀어막으며 자동차 뚜껑을 쾅 쾅 주먹으로 때려 보았습니다. 마치 고막에서 울리는 이명을 지워 버리려는 듯이 말입니다. 그때 나는……, 실은 아까부터 속으로 울고 있었던 겁니다. 아까부터 내 고막을 때린 이명은 사실은 내가 속으로 참고 있던 울음소리 때문이었는지도 모릅니다. 어쨌든 그렇게 사막 한가운데서 이유가 분명찮은 울음을 속으로 한참 울고 난 다음, 이 형이 자주 말씀하시던 그 자기라는 자의 비참한 모습이 비로소 내 눈 앞에 보이게 되었던 겁니다. 그것은 지난 40년간 내 인생의 주인 노릇을 해 오던 자기 멋대로라는 이름의 오만한 괴물이었습니다. 그 괴물이 그동안 자기 멋대로 술주정에 노름까지, 못된 짓은 다 하다가 살림이 거덜나자 아내와 자식들을 버리고 어디론가 정처 없이 도망가고 있었던 겁니다. 아! 저 미련한 고집불통이 바로 나였던가? 나는 사막 한가운데 다리 쭉 뻗고 앉아서 솔직하게 대성통곡을 하고 말았습니다. 마치 술 취한 놈처럼 말입니다. 그리고 외쳐댔습니다. 죽여주시오! 죽여주시오! 나를 죽여주시오! 아마 나는 그때 이 형한테다 대고 그렇게 소리를 질렀던 것 같습니다. 그리고 차를 돌려 집으로 돌아왔습니다. 그런데 집에서는 아내가 독약이 든 병을 앞에 놓고 예수라는 분하고 막 담판을 벌이고 있던 중이었습니다. 만약 예수라는 분이 정말로 하나님이시라면 내 남편을 이 밤 안으로 집으로 돌려보내 주실 것이요 그렇지 않으면 아이들하고 죽어버리고 말겠다고 예수님한테다 대고 막 협박을 하고 있는 찰나였는데 내가 문을 열고 들어섰던 겁니다."

"여보, 예배시간 늦겠어요."
아내의 말에 부활주일 아침 공상에서 깨어나 서둘러 교회 갈 준비를 하는 내 귀에 정말로 이명 같은 소리가 들리는 듯하였다. 어쩌면 그것은 공상이 아닌 참말로 이명이었는지도 모른다. 조 형이 들은 내 목소리 이명이 아닌, 내가 들은 조 형의 기쁜 소식 이명.

제3부 포옹 **115**

# 구피 Guppy

지하철 성추행, 강남구간 가장 많아
지하철 경찰대가 지난 1월부터 최근까지 붙잡은 성추행범 345명을 조사한 결과, 성추행 사건이 가장 많이 일어난 곳은 지하철 2호선이다.

(조선일보 2009년 8월 3일 월요일-이하동)

 구피 수놈이 암놈 구피를 가장 많이 따라 다니는 곳은 어항 앞쪽이다. 암놈이 햇볕이 들지 않는 어항 뒤쪽에서 놀지 않고 항상 햇볕이 밝은 어항 앞쪽에서 놀기 때문이다.

 지하철 경찰대 팀장은 '2호선 구간 중에서도 서울대입구역에서 잠실역 구간에서 특히 자주 발생 한다'면서 '강남 지역으로 출근하는 여성들이 몰리고 상대적으로 노출이 심한 복장을 하기 때문인 것 같다'고 말했다.

수놈 구피가 암놈 구피를 뒤쫓는 위치는 항상 일정하다. 암놈의 꼬리 부분, 그러니까 암놈의 사타구니 쪽을 공략하기 가장 좋은 위치에서 뒤쫓는다. 우리 집 어항 속의 암놈 구피는 길이가 약 5센티미터에 몸통이 약 1.5센티미터가 넘는 큰놈이다. 수놈보다 세 배쯤이나 더 크다. 그리고 항상 새끼를 밴 상태라 배가 그야말로 남산만 하다. 그런데도 헤엄치는 동작은 여간 날쌔지 않다. 한 자 길이 어항 속이 좁아서 못 견디겠다는 듯 쏜살같이 이쪽으로 왔다가 저쪽으로 달아난다. 그냥 똑바로 달아나는 것도 아니다. 어항 벽면을 타고 아래위로 비행하듯 날아다닌다. 자신의 엉덩이 뒤쪽에 바짝 붙어서 뒤따르는 수놈 구피는 안중에도 없다. 수놈 입장에서 보면 암놈이 어느 쪽으로 물속을 비행할지 전혀 예측할 수 없는 동작이다. 그런데도 수놈은 마치 전자 장치로 자동 조종되는 비행물체처럼 암놈의 엉덩이 부분을 한 시도 놓치지 않고 따라 붙는다.

혼잡한 출근길의 지하철 2호선, 승강장에서 슬쩍 따라 탄 20~30대 남성, 특정 신체부위를 고의로 밀착하거나 비벼대다가…. 서울 경찰청 지하철 경찰대가 2일 밝힌 지하철 성추행범의 전형典型에 꼭 맞는 사건이었다.

구피 한 쌍이 우리 집 어항 속으로 이사 들어 온 것은 지난봄의 일이었다. 나는 열대어 가게 구피 어항 앞에 쭈그리고 앉아서 한참 동안 구피 암놈들이 놀고 있는 모습을 관찰하였다.

젊었을 때 열대어 가게를 한 일이 있었다. 열대어 가게를 하기 전에는 아내와 함께 동네 양장점을 했었다. 양장점 한쪽 구석에 실내 장식용으로 어항 하나를 들여놓았었는데 그 어항에 홀딱 반한 사람은 옷을 맞추러 오는 손님들이 아닌 재단사인 나 자신이었던 것이다. 열대어를 너무나 좋아한 나머지 어항 한 개가 두 개가 되고, 두 개가 네 개가 되는 식으로 늘어나다가 결국은 열대어 가게가 되어 버리고 말았다.

구피는 새끼를 알로 까지 않고 직접 새끼로 낳는 어종이다. 구피 말고도 블랙몰라라는 어종과 레드테일이라는 어종도 직접 새끼를 낳는데 구피만큼 번식력이 강하지는 않다. 구피는 연중 거의 매달 새끼를 낳는 것 같다. 한 번 낳을 때마다 열 마리는 보통이고, 어떤 때는 수를 셀 수 없을 정도로 어항 속이 새까맣게 보일 때도 있다. 우리 집 구피 암놈도 우리 어항 속으로 이사 온 후 쉴 새 없이 새끼를 낳고 있다.

새끼 잘 낳는 구피 암놈을 고르려면 첫째는 배가 실하게 생긴 놈을 골라야 된다. TV 방송극의 자연스럽지 못한 임신부 분장처럼 갑자기 배가 볼록 튀어나온 모양이면 안 된다. 그런 경우는 새끼를 밴 것이 아니라 오히려 병이 든 경우가 많다. 배 부분이 옛 어른들 말대로 남산만 하게 보기 좋게 불러 있어야 된다. 그리고 결정적으로 중요한 것은 엉덩이 쪽 새끼 밴 부분, 그러니까 사타구니 밑이 거뭇거뭇하게 들여다보여야 한다는 것이다. 사타구니 밑이 희멀건하면 아직 성어가 안 된 놈이거나 새끼 낳는 기능이 좋지 않다는 증거다.

무엇보다도 먹성이 좋아야 한다. 열대어를 오래 기르다 보니 사람이나 즘생이나 먹성이 좋아야 건강하고 새끼도 잘 낳는다는 사실을 알게 되었다. 몇 개월 전, 그렇게 골라 온 암놈이 바로 우리 집 어항 속의 암놈 구피인데 내 감별력이 적중하여 이사 온 후 몇 개월 만에 몸집이 세 배는 더 커지고 새끼를 벌써 네 배째나 낳았다.

> 성추행 사건은 주로 출근 시간대(64.1% · 221명)에 일어나는 것으로 조사됐다. 일시에 사람들이 몰리고, 출근에 마음이 급해 성추행을 당하고도 애써 무시하게 되는 오전 7~9시가 가장 위험한 시간대였다.

수놈 구피가 암놈 구피를 뒤쫓는 모양은 집요하다. 방금 새끼 낳는 것을 옆에서 지켜보고서도 달려든다. 아니 새끼를 낳은 암놈 구피, 그러니까 새끼를 배고 있지 않은 상태야말로 최적의 공격대상이라는 듯 더 집요하게 물고 늘어진다.

평상시 암놈은 바늘에 꿴 실같이 뒤를 졸졸 따라다니는 수놈한테 눈길 한 번 주는 법이 없다. 완전 무시 작전이다. 그러다가 어느 한순간에 수놈한테 당해서 새끼를 배고 또 배고 하면서도 암놈은 여전히 수놈을 쫓아내거나 반항하는 일이 없다.

그러던 암놈이 꼭 한 번 무섭게 수놈을 물어뜯을 때가 있다. 먹이를 먹을 때다. 먹이를 주면 암놈 구피는 산후조리라도 하듯 게걸스럽게 달려들어 먹는다. 그럴 때 수놈이 옆에서 귀찮게 하면 절대로 용서하지 않는다. 먹이를 쪼아 먹느라고 정신이 없는 줄 알았던 암놈이 엉덩이 쪽에 바짝 달라붙어서 비벼대는 수놈 구피를 향해서 제트 비행기가 공중 곡예를 하듯 순식간에 돌아서서 물어뜯는다. 그냥 물어뜯기만 하는 것이 아니다. 어항 수면에서 반자 깊이나 되는 어항 밑바닥까지 쏜살같이 쫓아내려 가서 무릎을 꿇게 한다. 그런 후에야 다시 수면으로 올라와서 먹이를 먹는다.

수놈 구피는 물 밑에서 한참 동안 꼼짝도 못하고 수면에서 먹이를 먹는 암놈 그림자만 슬슬 살핀다. 그렇게 한 1분쯤이나 시간이 지났을까. 수놈 구피는 방금 전에 혼났던 일은 까맣게 잊어버리고 또다시 슬금슬금 암놈 엉덩이 쪽으로 다가간다.

> 7월 1일 오전 8시 30분 최모(25 · 무직)씨는 지하철 2호선 신림역에서 사당행 지하철을 탔다. 수요일 출근시간대의 지하철은 강남 방향으로 출근하려는 사람들로 발 디딜 틈이 없었다. 승객들 사이를 비집고 들어간 최 씨는 한 여성(25)의 등 뒤에 서서 자신의 신체 특정부위를 여성 엉덩이에 비벼대다가 범행 현장을 목격한

지하철경찰대 수사관 2명에게 덜미를 잡혔다.

 암놈 구피를 사 올 때 나는 한 마리만 사오지 않고 세 마리를 사왔다. 구피는 열대어지만 웬만큼 수온이 낮아도 잘 견디어내는 적응력이 강한 어종이다. 그러나 새로운 환경에는 몹시 스트레스를 받는지 새로 사 온 놈들 중에 맥없이 죽는 놈들이 있다. 암놈 구피 세 마리를 사다가 어항에 넣은 후 2, 3일 지나자 예상했던 대로 두 마리가 죽고 한 마리만 남았다. 남은 한 마리가 먹이도 잘 먹고 어항 속이 좁다는 듯 헤엄치고 다니는 것을 확인한 후에야 나는 수놈 구피를 사러 열대어 가게로 갔다.

 수놈 구피는 암놈과는 달리 몸 전체가 날렵한 놈으로 골라와야 된다. 열대어는 대개 수놈이 암놈보다 예쁘게 생겼다. 구피 수놈은 부챗살처럼 퍼진 무지갯빛 색깔의 화려한 꼬리를 자랑하며 암놈을 유혹한다. 그러나 정작 수놈 노릇을 잘하는 놈은 꼬리가 몸통보다 몇 배나 넓게 퍼져서 끌고 다니기 굼뜬 놈이 아니라 날렵하게 생긴 놈이어야 한다. 무엇보다도 중요한 것은 끊임없이 암놈 뒤를 쫓아다니는 놈을 골라야 된다는 것이다. 이 역시 오랫동안 열대어를 길러본 결과 터득하게 된 사실인데 사람이나 즘생이나 정력이 넘쳐야 새끼를 잘 낳는다는 것이다.

 열대어가 정력이 좋은 놈인지 안 좋은 놈인지 알아보는 방법은 한참 지켜보는 수밖에 없다. 한참 동안 지켜보다가 끊임

없이 암놈 뒤를 쫓아다니는 놈이면 대개 틀림없다. 물론 그냥 무조건 따라다니기만 해서는 안 된다. 수놈 노릇을 잘하는 놈이어야 된다. 암놈 뒤를 무작정 따라다니기만 하는 놈은 아직 성체가 안 된 새끼일 가능성이 높다. 그런 경우에는 수놈 노릇을 하기까지 한참 더 기다려야 된다. 그러므로 기운이 좋을 뿐만 아니라 수놈 노릇도 맹렬하게 잘하는 놈을 골라 와야 된다.

수놈 구피의 수놈 짓은 독특하다. 눈앞이 현란할 정도로 화려한 꼬리를 휘젓고 다니며 정신없이 암놈을 유혹하던 수놈이 어느 순간엔가 배아래 사타구니 사이에서 얼핏 바늘 끝 같은 돌출부위를 바짝 들어서 암놈의 사타구니 쪽을 향해 내뻗을 때가 있다. 아마 수놈 구피의 사정관인 것 같다. 수놈 구피가 암놈 구피 꽁무니를 쫓아다니는 목적은 순전히 그 짓을 하기 위한 것이었다. 그러므로 그 짓을 잘하는 수놈을 골라 와야 어항 속이 금방 구피 가족으로 풍성해질 수 있다.

그런데 어떤 열대어 가게에서는 암놈과 수놈을 갈라서 다른 어항에 넣어 놓고 파는 곳이 있다. 그런 경우에는 좋은 수놈을 고르기가 어렵다. 그래서 반드시 암놈과 수놈을 같은 어항 속에 넣고 파는 열대어 집에 가서 한참 지켜보다가 바늘 가는 데 실 가듯이 암놈 뒤를 바짝 쫓아다니며 끊임없이 수놈 짓을 해대는 놈을 골라 와야 된다.

성추행은 30대가 44.6%로 가장 많았고 20대(26.4%)와 40대(20.9%)

순이었다. 회사원이 143명으로 가장 많았고 직업이 없는 사람은 79명, 대학생은 24명이었다. 공무원도 7명이나 됐다. 현장에서 붙잡힌 사람들은 직업을 불문하고 60% 이상 혐의를 부인 한다며 성추행은 친고죄이기 때문에 피해 여성이 원치 않으면 증거가 있어도 잡을 수 없다는 게 가장 힘들다고 했다. 처벌을 바라느냐는 수사관의 질문에 바쁜 출근길에 왜 사람을 붙잡고 그러느냐며 오히려 화를 내는 여성들도 있었다고 했다.

우리 집 암놈 구피는 이사 들어 온 후 네 번째 출산을 하였다. 첫 배와 두 번째 낳은 새끼들이 벌써 거의 성어가 되어 한 자 길이나 되는 어항 속이 좁을 지경이 되었다. 그런데도 암놈 구피는 현재 또 배가 남산만하다.

그러나 수놈은 조금도 암놈의 입장을 배려해 줄줄 모른다. 사는 목적이 오직 암놈을 끊임없이 임신시키는 일뿐이라는 듯 암놈의 사타구니에 목을 매고 산다. 그래서 나는 먹이를 줄 때마다 오히려 암놈 구피에게 화를 낸다. 먹이를 먹을 때만 수놈이 다가오지 못하도록 혼을 내고 보통 때는 가만 놔두기 때문이다.

"야, 이 미련 곰탱아. 평상시에도 좀 그렇게 하란 말이야. 왜 평상시에는 가만 놔 둬 가지고 계속 새끼를 배고 또 배고 그러느냐 말이야. 그래! 그래! 바로 그거야! 평상시에도 그렇게 물어뜯으라구. 저 봐. 니가 그렇게 사납게 물어뜯으니까 수놈이

꼼짝도 못하고 물밑 수풀 속에서 눈치만 살치고 있잖아. 먹는 데만 게걸스럽게 욕심 부리지 말고 평상시에도 수놈 단속을 단단히 하란 말이야. 세상의 수컷이란 것들은 사람이 됐든 즘생이 됐든 태어나길 그렇게 태어나서 아예 초장부터 정신머리 속에다 윤리도덕의 발찌가 됐든, 종교의 발찌, 아니면 전자발찌라도 확실하게 발찌를 채워서 통제를 해야지 그렇지 않으면 죽어도 그 버릇을 못 고친다는 거 아직도 못 깨닫느냐구 이 빙신아……. 그러니까 여보……, 당신이 그때 집을 나간 것은 참 잘했던 거야. 진즉에 나를 그렇게 물어뜯어 주었어야 하는 건데……."

나는 어항 앞에 앉아서 오래전에 가출한 아내를 생각하고 있었던 것이다. 우리 집 어항 속의 수놈 구피보고 암놈 구피를 조금도 배려해 줄 줄 모른다고 흉볼 것이 없는 일이었다. 내가 바로 그 수놈 구피였기 때문이다. 결혼생활 25년 동안 모든 일에서 아내를 조금도 배려해 줄줄 모르는 수놈 구피 그대로였다는 확실한 증거가 다름 아닌 나의 두 딸이다. 큰딸과 작은딸은 정확하게 만 1년에서 단 사흘이 틀린 같은 달을 생일 달로 태어났던 것이다.

# 포옹

 "목사님 충고합니다! 미국교회와 합동으로 교회당 건축하는 문제는 재고해 주십시오."
 순간, 교회당 안은 일순간에 분위기가 싸늘하게 식고 말았다.
 그날 공동의회는 미국교회와 합동으로 교회당 신축하는 문제를 놓고 의견이 오가던 중이었다. 내 입에서 "목사님 충고합니다."라는 말이 튀어 나오기 전, 그러니까 내가, "그러지 않아도 지금 당장 미국교인들이 김치냄새가 난다고 불평을 하기 때문에 매주일 성도 교제 시간마다 먹고 싶은 김치도 맘대로 못 먹고 있는 판인데 미국교회와 합동으로 교회당을 지어 놓으면 우리 교회를 지어 놓고도 김치를 맘대로 먹을 수 없게 될 것이 아닙니까?"라고 말했을 때까지만 하더라도 교인들이 까르르 웃음을 터트릴 정도로 대세는 미국교회와 합동으로 교회당 건축을 하는 쪽으로 기울어져 화기 넘치는 분위기였다.

그런데 내 입에서 나도 모르게 "목사님 충고합니다!"라는 말이 튀어 나가자 교회당 안 분위기는 일시에 얼어붙고 만 것이다.

모두들 강대상 위에 서 계신 목사님을 민망스런 눈으로 슬금슬금 올려다보았다. 나도 무엇이라고 말을 끝냈는지 모른 채 허둥지둥 도망치듯 집으로 돌아와 버리고 말았다.

당시 우리 교회는 한인사회에서 젊은 엘리트 장로들과 집사들이 주축이 되어 미국 동부에 있는 유명 신학교에서 막 박사 학위를 마친 목사님을 삼고초려하다시피 모셔 와서 개척한 교회로 3년 만에 그 지역 최대 한인교회로 급성장하고 있었다. 그 여세를 몰아 교회당 신축을 서두르고 있던 중이었다.

내가 "목사님 충고합니다." 발언을 한 그 주일은 그동안 건축에 필요한 기초 준비를 다 끝내고 마지막으로 공동의회를 열어 교인들의 최종 결정을 묻는 단계에 있었다.

나는 그 해에 첫 서리집사 임명을 받은 그야말로 올챙이 집사에 지나지 않았으므로 그동안 교회당 건축문제가 어떻게 진행되어 왔는지 전혀 아는 바가 없었다. 다만 현재 세 들어 있는 같은 교단의 미국교회가 전에 교회당을 건축하다가 비용이 모자라서 중단된 상태에 있는 본당 건축 장소에 한미(韓美) 합동으로 교회당을 건축하기로 하였다는 것과 이미 건축 설계도까지 완성되었다는 정도밖에 아는 바가 없었다.

따라서 나는 공동의회가 열리기까지 그 문제에 대해서 아무 개인적인 의견도 가지고 있지 않았다. 나처럼 이름도 없고, 교회 일에 이렇다 할 책임도 없는 올챙이 서리집사가 어른들이 다 알아서 해놓은 일에 무슨 감 놔라 대추 놔라 주책 떨 일이 있겠는가?

그런데 막상 공동의회가 열려 그동안 교회당 건축이 어떻게 추진되어 왔는지 뚜껑이 열리게 되자 내 머릿속에 갑자기 김치 생각이 떠올랐던 것이다. 그리고 또 한 가지 다른 생각도 떠올랐는데 그것은 지금 세 들어 있는 미국교회로 이사 오기 전에 잠시 세 들어 있다가 쫓겨난 다른 미국교회 생각이었다.

그 미국교회는 우리 교회가 개척된 지 불과 몇 개월 만에 두 배, 세 배로 교인들이 급팽창하여 교회당 안에 김치냄새를 최루탄 터트린 듯 풍겨대기 시작하자 질겁하여 당장에 교회당을 비우고 나가 달라고 으름장을 놓게 되었다. 그 방법도 아주 좋지 않은 것이었는데 당시 월 5백 불 정도 헌금 형식으로 내고 있던 교회당 사용료를 무려 세 배나 올려서 1천5백 불씩을 내라는 것이었다.

그때도 그 문제를 놓고 공동의회가 열렸었는데 내가 존경하던 그 박사 목사님이 강대상 위에서 눈물까지 글썽이며 어떻게 하면 좋겠느냐고 말씀하시는 것을 들은 나는 벌떡 일어나, "목사님, 우리 다음 주일부터 당장에 공원으로 나가서 예배드립시다. 말은 같은 하나님의 백성이라고 하면서 김치 냄새가

난다고 나가라고 한다면 이것이 어디 교회 입니까? 십자가라는 게 뭡니까? 우리는 노랑내가 나도 참고 암말도 안 하고 있는데……." 라고 냅다 소리를 지르고 말았었다.

나는 당시 정말로 그 일이 얼마나 서럽고 또 미국 교회가 거짓스럽게 여겨졌는지 모른다. 당시는 한인 이민자 수가 많지 않았으므로 한인교회 수도 몇 안 되었을 때였다. 그런데 미국 교회들이 가난한 이민자들인 한인교회에 교회당을 빌려주고 셋돈을 받는다는 사실을 알게 된 나는 속으로 매우 분개하고 있던 중이었다.

교회가 가난한 이민자들에게 교회당을 빌려주고 셋돈을 받다니! 교회당을 지은 다음에 분명히 하나님께 봉헌예배도 드렸을 텐데, 그러면 그때부터 그 교회당은 더 이상 사람들의 교회당이 아닌 하나님의 교회당이 아니냐? 그런데 세를 받는다면 하나님이 가난한 이민자들한테 셋돈을 받고 교회당을 빌려주는 복덕방쟁이란 말이냐?

나는 미국교회들이 하는 짓이 너무도 가증스럽게 여겨져서 신문에 광고라도 내서 이것이 과연 십자가 정신을 앞세운 교회가 할 짓이냐고 묻고 싶을 정도였다. 그런데 김치냄새 난다고 쫓겨나게까지 되었으니 아직 서리집사도 아닌 세례교인일 뿐이었던 나였지만 당장에 공원으로 나가서 예배드리자고 비분강개하지 않을 수 없었던 것이다.

지금 우리 교회당 건축 문제를 놓고 그때 생각이 난 까닭은 이민 1세로서 교회당이 없어서 이런 설움을 당하고 있는 우리들이 애써 교회당을 지어 후손들에게 물려주었을 때 그들도 우리처럼 김치 냄새 때문에 미국교회와 문제가 생긴다면 어떻게 될 것인가 하는 의문이 들었기 때문이다. 이민 1세였던 부모들이 미국사람들의 똥 묻은 바지를 세탁해 주고 번 돈으로 헌금을 바쳐서 세운 교회당인 줄을 너무나 잘 알고 있을 2세들이 어떻게 그 교회당을 그냥 포기하고 빈 손 털고 나올 수 있을 것인가?

그렇다고 교회당을 반쪽 쪼개 달라고 한다면 또 하나의 부끄러운 교회분쟁의 씨앗을 우리들이 심어 주게 되는 것이 아니냐? 그런 생각이 드는 순간 이때까지 교회당 건축 문제에 대해서 사석에서조차 아무 관심도 보이지 않았던 내가 갑자기 손을 들고 일어나 급하게 발언을 하게 되었던 것이다.

당시 나는 교회 살림에 아무 경험도 없었던 터라 어떤 중요한 문제가 공동의회에까지 나오게끔 되었을 때는 이미 그 결정은 다 난 후여서 공동의회는 거의 형식적인 절차에 지나지 않는다는 사실조차 알지 못하였다.

과연 그날 공동의회에서도 아무도 반대 의견을 말하는 사람이 없었다. 단지 설계도라든가, 지역주민 공청회 통과 문제 같은 지엽적인 문제들만 확인 형식으로 묻고 대답하는 정도였다.

그런데 난데없이 서리집사 한 사람이 손을 들고 일어나서 이때까지 잘 진행되어온 일에 찬물을 끼 얹었으니 김치 냄새

운운이 아니더라도 교인들은 아마 속으로, '이 집사, 주제 파악 좀 해. 지금이 어디 이 집사 같은 사람이 반대하고 나설 계제인가?'라며 혀를 찼을 일이었다. 그런데 김치 냄새 얘기에 이어서 장차 우리 후손들이 겪게 될 수도 있을 문제까지 끌어다 놓고 냅다 한다는 소리가 "그러니 목사님, 충고합니다! 미국 교회와 합동으로 교회당 건축하는 문제는 재고해 주십시오."라고 하였으니 폭탄을 던진 격이었다.

그러나 사실은 나는 '충고합니다.' 라고 말할 생각은 추호도 없었다. 충고라니? 나는 목사님을 너무나 존경하고 있었다. 목사님은 학자다운 높은 지성미와 신앙인다운 깊은 영적 풍모를 고루 갖추신 분으로 무엇보다도 존경스러웠던 점은 개인적인 만남에서는 그토록 우러러 보이던 지성적 풍모와 영적 풍모는 슬그머니 뒤로 물려두시고 허물없는 친구 사이처럼 너무나 인간적인 모습을 보여 주시는 것이었다.

그 같은 목사님의 존경스러운 점들이 때와 장소를 따라 아주 자연스럽고도 조화 있게 잘 나타나고 있었으므로 목사님은 부임 첫날부터 온 교인들의 사랑을 받게 되었다. 그런 분에게 나같이 나이도 어리고 이름도 없는 자가 더구나 사석도 아닌 공동의회 자리에서 강대상 위에 서 계신 목사님을 향하여 '충고'를 하다니? 그런 일은 발상조차 불가능한 일이었다.

나는 실은 발언을 마치면서, '그러므로 목사님, 진심으로 충언의 말씀을 올립니다.'라고 말을 하려던 참이었다. 물론 나중에 생각해 보니 충언조차도 불가한 일이었다. 그리고 그것은 교회 공동의회 같은 자리에서 사용할 수 있는 용어가 아니었다.

그러나 당시 교회행정 경험이 전무하였던 내 머릿속에서는 김치 냄새 설움과 후손들의 교회당 분쟁 문제라는 두 가지 양보할 수 없는 생각에 사로 잡혀서 최선의 단어 선택을 한다는 것이 '충언'이었고, 급히 발언을 하다 보니 얼떨결에 '충언'이 '충고'가 되어 버리고 말았던 것이다.

나를 따라 집으로 돌아온 아내는 사색이 되어 나를 붙잡고 밤이 깊도록 간청 하였다.

"당신이 아무리 충언이라고 말하려고 하였다 하더라도 실제로는 충고라고 하였으니 목사님이 어떻게 당신의 본뜻을 아실 수 있겠어요? 목사님 부부는 집에 가셔서 두 분이 손잡고 얼마나 우셨는지 모른다고 합니다. 그러니 지금이라도 목사님 댁에 가서 사과드리세요."

나는 목사님 내외분이 손을 잡고 얼마나 우셨는지 모른다는 아내의 말에 더 이상 고집부리고 앉아 있을 수 없었다. 아내의 말대로 목사님 댁으로 가서 사과드리기로 결심하고 일어섰다.

시간은 새벽 두 시가 넘어 있었다. 나는 차를 몰아 목사님 댁으로 갔다. 목사님 댁은 불이 다 꺼지고 깊은 잠에 빠져 있는 것 같았다. 나는 목사님 댁 현관 문 앞 시멘트 바닥에 무릎 꿇고 앉았다. 그리고 하나님께와 목사님께 잘못을 빌었다.

"하나님 잘못했습니다!"

"목사님 잘못했습니다!"

나는 날이 훤히 밝아 오도록 차가운 시멘트 바닥에 무릎 꿇고 앉아 하나님께와 목사님께 계속 잘못을 빌었다.

그렇게 네댓 시간 잘못을 빌고 있는데 새벽이 되어 목사님이 새벽기도를 가시는 길인 듯 현관문을 열고 나서다가 내가 무릎 꿇고 앉아 있는 모습을 보시더니 급히 달려와 나를 끌어안아 일으켜 세우는 것이었다.

나는 어린애처럼 목사님 품에 안겨 엉엉 울음을 터트리고 말았다. 목사님은 아무 말씀도 안 하시고 어린 애를 품에 안듯 따뜻하게 나를 꼭 안아 주시기만 할 뿐이었다.

오랜 세월이 지난 후, 나 자신이 목사가 되어 목회를 하게 되었을 때, 그날 새벽 목사님이 나를 안아 주셨던 그 따뜻한 포옹은 따뜻함이 아닌, 나를 위해 철철 피를 흘리신 십자가의 아픔이었음을 비로소 깨닫게 되었다.

# 도덕이라는 위선

## 4

연애도 할 줄 모르는 것들에게
엉덩이를 사오다
도덕이라는 위선
작가란 돌을 던지는 자인가?
팔 휘젓지 않고 다니기
사랑에 눈 먼 세상이 밝은 세상이다
창작문예수필 발생의 역사적 과정

## 연애도 할 줄 모르는 것들에게

　연애는 반드시 사모하는 일이 먼저 있어야 연애가 될 수 있다. 사모함이 없는 연애는 연애가 아니다. 그런 사랑은 사랑이 아닌 흘레다. 불륜이라도 사모함이 먼저 있을 때 〈젊은 베르테르의 슬픔〉 같은 문학작품이 될 수 있다.
　사모함은 시간 안에서 이루어진다. 사모함의 시간이 없는 사모함이란 있을 수 없다. 사모함의 시간이 길수록 뜨겁고 순수한 사랑의 꽃이 피게 된다.
　누군가를 사모하게 되려면 그런 생활환경이 주어져야 된다. 황순원의 소설 〈소나기〉에 나오는 소년과 소녀와 같은 사랑이 되려면 징검다리가 있는 그런 생활환경이 주어져야 조약돌을 던지게 된다.
　그러나 요즘의 아이들에게는 그런 생활환경이 없다. 이 시대 도시의 아이들에게는 자연 그대로의 개울물도 없고, 자연 그대로의 들꽃 한 포기 구경할 곳이 없으며, 자연 그대로의 매미소리 한 번 들어 볼 기회도 없다. 먹물 풀어 놓은 듯 시꺼면 도심의 스모그 낀 하늘 아래서 끊임없이 날뛰는 도둑들과 강도들과 각종 기상천외한 사건 사고에 오늘 하루도 맞아 죽지 않고, 깔려 죽지 않고, 살아남는 것만도 기적이다.

그런 아이들 앞에 새 시대의 공용과 같은 절대자로 등장한 컴퓨터의 커서는 쉴 틈을 주지 않고 깜박거린다. 아이들의 영혼은 지금 그 컴퓨터 속으로 통째 빨려 들어가고 있다. 그리하여 컴퓨터 정신, 컴퓨터 의식, 컴퓨터 감정, 컴퓨터 생활습관……, 이 시대의 아이들은 사랑도 컴퓨터 속에서 컴퓨터 식으로 한다.

컴퓨터는 두 개의 얼굴을 가지고 있다. 그 전면은 정보화라는 천사의 얼굴이요, 그 뒷면은 가상의 삶이라는 것이다. 그런데 가상의 삶은 천사의 얼굴보다 더 화려하다. 현대인은 지금 그 화려한 가상의 삶의 사랑놀이에 깊숙이 빠져 들어가 길들여지고 있는 중이다. 그것이 컴퓨터 등장의 숨겨진 목적이 아닐까.

사모함과 사모하는 대상의 실체와 사모의 시간이 모두 실종되어 버린 컴퓨터 속의 가상의 사랑놀이! 그것은 이미 연애가 아니다. 연애의 이름을 더럽히지 말라!

인류는 지금 연애를 잃어버리고 있다. 성희롱 금지법이 그

현실을 절절하게 증명해 주고 있다. 성희롱이란 원시시대부터의 사랑짓이며, 사랑방법이다. 성희롱 없이는 구피 한 마리도 새끼를 낳을 수 없다. 구피 수놈이 암놈을 쫓아다니는 그 성희롱 짓거리는 천하 삼라만상에 주어진 천연의 사랑법이다.

마침내 인류는 〈연애도 할 줄 모르는 것들에게〉 다음 세대를 넘겨주게 되었다! 성희롱을 할 줄 모르는, 아니 할 수 없게 된 인간이라는 동물들은 지금도 자유롭게 성희롱을 하며 사는 딱정벌레만도 못하고, 물고기 한 마리만도 못한 괴물들로 돌연변이하고 말았다. 쉴 새 없이 깜박이는 컴퓨터의 커서! 그것은 인류의 새로운 번영이 아닌 인류 문명의 종말을 예고하는 소리 없는 종소리일지도 모른다.

하나님은 태초에 사람들에게 영원을 사모하는 마음을 주셨다고 성경은 기록하고 있다. 성경을 믿든 안 믿든 인간은 처음부터 무엇인가를 끊임없이 사모하며 사랑으로 인생을 살아온 존재라는 사실은 누구에게나 진실이다.

어떤 이유로든 인간에게서 이웃집 총각, 건넛마을 처녀에 대한 '사모의 념'이 실종되어 버리고 만다면 인간은 더 이상 이 땅 위에 존재할 이유도 없을 것이고, 그럴 수도 없게 될 것이다.

진정으로 지구촌의 종말을 막기를 원한다면 아이들에게 컴퓨터를 가르치기 전에 연애 법부터 가르쳐라! 지금 바로 당장 더 늦기 전에!

성희롱, 곧 참 사랑의 눈짓이 가는 곳마다 넘치고, 그 참 사랑의 눈짓을 참으로 사랑스럽게 받아 줄줄 아는 성숙함이 넘치는 세상이 돼지우리가 아닌 진정으로 사람다운 인간들이 사는 세상이다.

# 엉덩이를 사오다

 아내는 쪽 곧은 몸매의 여자였다. 요즘 말로 쭉쭉빵빵 잘 빠진 S자 몸매였다. 처녀시절부터의 몸매가 딸 둘을 낳은 후 40을 넘어 50이 가깝도록 변함이 없었다.
 몸매만큼 성격도 깔끔해서 한시도 흩어진 모습을 보여 준 일이 없었다. 잠자리에서 일어난 부스스한 모습의 아내를 본 기억이 없다. 입 냄새는 물론 입었다 벗어 놓은 옷에서조차 땀 냄새는커녕 향긋한 여자냄새만 물씬 풍기곤 하였다.
 한 가지 아내가 은근히 자신 없어 하는 것이 있었다면 작은 가슴이었던 것 같다.
 "당신 큰 젖 만지고 싶죠?"
 언젠가 잠자리에서 목구멍 밑에 간신히 감추어두고 있었던 작은 가슴 콤플렉스를 그만 아차 실토하고 만 기억이 난다. 무슨 소리냐, 나는 당신 가슴이 손 안에 쏙 들어와서 좋다고 펄쩍 뛰었을 것은 물론이다. 그러나 그것은 공연한 허풍만은 아니었다. 아내의 엉덩이 때문이었다.

TV에서 가끔 미인선발 대회 중계를 할 때 보면 출연한 여자들이 열 명이든 스무 명이든 공통점이 있는 것을 볼 수 있다. 가슴 크기는 각기 작기도 하고 크기도 하지만 엉덩이는 하나같이 S자로 둥글게 돌아가는 아름다운 곡선의 풍만한 모습이라는 것이다.

그런 미인들을 볼때 마다 마치 아내를 보고 있는 듯한 착각에 빠지곤 한다. 아내의 엉덩이야말로 미스코리아 상을 받고도 남을 만한 엉덩이였다. 아무리 무더운 여름밤이라도 숨 넘어 갈 듯 풍만하면서도 미끄러지듯 쭉 빠진 아내의 엉덩이를 품에 안고 잠들면 시원한 단잠에 빠질 수 있었고, 꽁꽁 얼어붙는 한겨울이라도 아내의 엉덩이를 품에 품고 잠자리에 들면 그렇게 따뜻하고 포근할 수가 없었다.

아내가 떠나간 후 지난 20년래 여름밤은 날마다가 열대야였고, 겨울에는 지하도에서 신문 한 장 덮고 굼벵이처럼 동그랗게 몸을 말고 잠든 노숙자와 다름없었다. 얼음장 같은 잠자리에 들 때마다 '남들 다 품고 사는 마누라 엉덩이도 못 만지고 사는 사람이 뭐 잘났다고 오늘도 떠들고 다녔느냐고, 어디선가 들려오는 아내의 핀잔을 피할 수 없었다.

가을이 깊어 날씨가 추워질수록 사람들이 자꾸 옆구리가 시려온다고 하는 말이 무슨 말인가 했더니, 남자는 품에 품을 마누라 엉덩이가 없다는 말이었고, 여자는 자기를 품어줄 남자의 품이 없다는 말이었던 것이다. 그나마 60초반까지는 그런대로 견딜만 하던 옆구리가 나이 70을 넘고부터는 세상에 이럴 수도 있는가 싶게 춥고 시리다.

사회는 병약자에게는 치료받을 길을 열어주고, 물질적 약자에게는 먹을 것과 입을 것을 준다. 서울역 노숙자들에게도 누군가 점심 한 끼라도 가져다주는 사람이 있다. 그러나 '사회적 성적 약자'들의 고통은 누구 하나 관심조차 가져 주지 않는다. 사흘 굶어 도둑 아닌 자 없다는 말에 공감하지 않는 사람 있는가? 그 공감의 의미는 무엇인가? 측은지심이 아닌가? 그러나 '사회적 성적 약자'들에 대한 측은지심은 그 어디에도 없다. 사람은 밥을 안 먹으면 살 수 없듯 성도 굶주리기만 해서는 살 수 없는 존재다. 저들 '사회적 성적 약자'들이 막다른 골목에 쥐새끼 쫓기듯 쫓겨서 살아보려고 허우적거리다가 범죄에 발을 빠트리게 되면 즉각 잡아다 가두고 발목에 족쇄만 채울 줄 알았지 저들이 범죄에 손을 뻗히기 전에 사회적 해결책이나 예방책을 놓고 고민하는 일은 청와대에도 없고 국회에도 없다.

아내가 내 곁을 떠나간 후, 오랜 독신생활의 경험을 통해서 몸으로 깨달은 성문제의 첫 번째는 가진 자들의 도덕적 위선이었고, 두 번째는 '사회적 성적 약자'들의 출구가 없는 절망적 외로움이었다. 성적 도덕적 위선자들 중 그 맨 앞장에 선 자들이 다름 아닌 종교인, 철학자, 도덕사상가들이라는 사실에 놀랐다. 더구나 나 자신도 성적 약자가 되기 전에는 바로 그들 위선자들 중 한 사람이었다는 사실에 더욱 놀라지 않을 수 없었다.

'여자를 보고 음욕을 품는 자마다 마음에 이미 간음하였느니라.'는 예수의 말씀은 이 세상에 그 말씀에 걸리지 않을 수 있는 자는 한 사람도 없다는 뜻이었음을 그제야 깨닫게 되었다. '여자를 보기를 돌처럼 하라'는 말도 아무도 실제로 그럴 수 있는 사람이 없기 때문에 한 말이라는 사실도 깨달아 알게 되었다. 그러므로 구원 받는 길밖에 없고, 해탈의 길밖에 없다는 것이 종교였던 것이다.

그런 까닭으로 공자 왈 맹자 왈 하던 저 지엄한 도덕 사회였던 조선 시대에도 '과부 보쌈'을 눈 감아 주는 사회적 배려가 있었던 것이 아닌가? 그러나 조선시대 보다 비교가 안 되게 개화하였다는 현대 사회 그 어디에 '사회적 성적 약자'들에 대한 배려가 있는가? 눈을 씻고 찾아보아도 없다.

오늘날의 성性 문제는 어디서부터 풀어나가야 되는가? 그 대답을 열어준 것이 나의 졸작 〈잃어버린 장난감〉의 온 곳도 간 곳도 알 수 없는 등장인물 여성이었다. 그 작품에서 내가 하고 싶었던 말은 성문제는 원시 시대에서부터 풀기 시작해야 된다는 것이었다. 만약에 성이 원시 시대부터의 인류의 유일한 장난감(최선의 축복, 생명의 원천, 사랑의 원천, 최선의 즐거움,)이 아니었다면 인류는 원시시대에서 이미 멸종되고 말았을 것이다.

그러나 오늘 우리 사회의 성은 인류의 최선의 즐거움과 축복은커녕 6·25때 붉은 완장을 두르고 날뛰던 공산당원보다 더 무서운 공포의 대상 그 자체가 되어버리지 않았는가? 서점에서 책을 고르다가 앞에서 빤히 올려다보고 있는 여자아이와 눈이 마주쳤다. 엄마를 따라 온 대여섯 살쯤의 아이었다. 그 해맑은 눈동자에 보일 듯 말듯한 미소로 답해 주고 비껴 지나는 순간 가슴이 철렁하였다. 저 애가 방금 나의 보일 듯 말듯한 미소를 보고, 엄마한테 "엄마, 저 할아버지가 성희롱했어!"라고 한다면 어떡하나……!

> '이 천하에 때려죽일 놈들아! 이것도 사람 사는 세상이라고 이 지경이 되도록 만들어 놓고 그래도 국민의 뜻이 어쩌고 쌈질들이나 하고 자빠졌느냐!'

성이 인류 최선의 장난감이 아닌 것이 되면 될수록 인류의 멸종은 그만큼 빨리 다가올 것이다. 그것이 장난감(사랑법)이 되므로 일어날 수 있는 부분적 성적 타락 현상은 급속하게 다가오고 있는 인류의 '사랑 빙하기'와 인류 멸종 위기에 비하면 비교자체가 안 되는 엄청난 비극이 될 것이다. 자유로운 사랑 표현에 성희롱 금지법이라는 악마의 주홍글씨 페인트칠을 북

북 그어 댄 현 인류는 멀지 않아 차라리 부분적 성적 타락 편이 백배 나았다는 사실을 뼈아프게 깨닫게 될 것이다.

플라톤이 시인 추방 운동을 벌인 것은 시인들은 알 수 없는 영으로부터 영감을 받아서 자신들도 무슨 소린지 모르는 글을 쓰고 있기 때문이라고 하였다. 문학적 영감이 플라톤의 말대로 알 수 없는 영으로부터 오는 것이라면 〈잃어버린 장난감〉에 등장한 그 온 곳도 간 곳도 알 수 없는, 작품 속 '화자'의 자지를 장난감 가지고 놀 듯한 그 여자야 말로 알 수 없는 영으로부터 온 어떤 계시가 아니었을까.

(그러니 목숨이 붙어 있는 동안은 건강하게 살아야 저 1백 년 동안 귀신도 안 물어 간 '붓 가는 대로'를 동해바다에 깊숙이 수장시키고, 저들 '사회적 성적 약자'들을 위한 위로와 희망의 글도 쓸 수 있을 텐데 이렇게 밤마다 얼음장 같은 이불 속에 몸을 뉘어서야……)

고민 고민 끝에 할 수 없이 275,000원이라는 나에게는 엄청 거금의 돈을 들여 엉덩이 하나를 사오기로 하였다. 주문한 온수 매트가 도착하자 침대 위에 펴 놓고 잠자리에 들었다. 오! 오! 세상에! 이렇게 따뜻하고 포근할 수가!

## 도덕道德이라는 위선

우리가 탄 관광버스가 북한강 근처 강변도로를 지나고 있을 때의 일이었다. 차창 밖 풍경을 바라보던 내가 무심코,
"여기는 온통 모텔 촌이군요."
라고 하였더니, 옆에 앉았던 박 선생이,
"저쪽 강 건너는 더해요. 이 일대가 다 그런 걸요."
라고 대답하였다. 박 선생의 대답에, 내가 30년 이민 생활을 정리하여 조국으로 돌아 온 후 느꼈던 몇 가지 궁금증이 생각나서,
"그런데 박 선생님, 나는 도저히 이해가 안 가는 게 있는데 말입니다. 남자는……, 나도 남자니까 잘 아는 일이지만, 남자란 본래 생리적으로 바람피울 위험성을 다분히 가지고 있는 존재들이 아닙니까? 그렇기 때문에 소위 러브호텔이라는 것들

이 저렇게 많이 생겨날 수도 있겠구나, 한편 이해도 되지만 말입니다, 그런데 바람은 혼자서 피웁니까? 상대가 있어야 피울 것 아닙니까? 내가 이해가 안 가는 것은 남자들이 어디서 바람피울 상대를 그렇게 쉽게 찾아내서 바람을 피우느냐 말입니다. 저런 규모의 모텔 건물 하나를 짓자면 돈이 몇 십억은 들어갈 텐데. 투자한 돈을 다 뽑고도 이윤을 남기자면 얼마나 많은 사람들이 저곳을 이용해 줘야 되겠느냐 말입니다. 저런 규모의 러브호텔들은 고사하고 3, 40십년 전만 하더라도 전국을 통틀어 정식 호텔마저 몇 개 안 되지 않았습니까. 얼마 전에 지방에 볼 일이 있어서 기차 여행을 한 일이 있었습니다. 그런데 철로 변의 좀 괜찮다 싶은 곳이면 어김없이 저런 모양의 러브호텔들이 들어 앉아 있더란 말입니다. 그렇다면 많은 사람 정도가 아니라 이 나라 국민 전부가 저런 곳을 이용하고 있는 것이 아니냐고 비아냥대도 할 말이 없을 지경이 아니냐 이 말이지요. 그래서 더욱 큰 의문인 것이 도대체 남자들이 어디서 그렇게 바람피울 상대를 쉽게 찾아내서 이런 곳까지 와서 바람을 피우느냐는 겁니다."

나의 말에 박 선생이 웃으며,

"아 그거야 많지요. 우선 카바레라는 곳이 있지요. 디스코장도 있고. 그뿐입니까? 전화방이라는 곳도 있고, 그리고 신문 보세요. 어떤 신문 광고란은 아예 홀레붙을 짝짓기 찾아 준다는 광고로 도배가 되어 있잖아요? 거기다 인터넷 채팅까지. 또 요즘엔 노래방까지 그런 상대를 만날 수 있는 장소로 변질되고 있다니까 세상 참 좋은 세상이지요."

(참 좋은 세상이라고……?)

그때 앞좌석에서 술에 취해 반쯤 졸면서 가던 김 선생이 또다시, '어흠!' 하고 습관적인 외마디 소리를 내지른다. 김 선생의 그 '어, 흠!' 소리는 아까 술이 몇 잔 들어가면서부터 시작된 소리였다. 일평생 대통령의 '어흠!' 소리에, 국회의원들의 '어흠!' 소리에, 장관들의 '어흠!' 소리에, 군대 상관들의 '어흠!' 소리에, 회사 상사들의 '어흠!' 소리에, 그도 저도 다 끝나 은퇴 노인이 된 지금은 돈 푼깨나 뒤로 빼돌린 사람들의 방귀 뀌며 사는 '어흠!' 소리에 한이 맺히다 못해 병이 된 것일까? 그런 것이 아니라면 만신창이로 더러워진 세상에 대한 분노의 외침일까?

"그렇다면 말입니다. 박 선생님. 그러니까 우리나라가 국민들이 바람피우며 살 수 있도록 사회 구조가 그렇게 되어 있다 이 말씀이 아닙니까? 카바레나 전화방이나 노래방들은 모두 영업허가를 받아야 영업을 할 수 있을 텐데. 그렇다면 정부가 국민들이 바람피우며 살라고 그런 영업허가를 내주고 있다는 말 아닙니까?"

"아니지요. 영업허가야 법적으로 하자가 없지요. 그러나 어디 법대로 영업을 합니까? 노래방만 하더라두 술은 못 팔게 되어 있어요. 노래만 부르게 되어 있지. 그러나 그랬다간 다들 밥 굶어 죽지요. 목구멍 앞에 장사 있습니까? 눈 가리고 아옹식

단속을 하다 보니, 그 사이에 상납이란 게 오고 가게 되고, 그래서 그런 기사들이 날마다 신문에 떠돌아다니게 되는 것 아닙니까?"

나는 잠시 할 말을 잊고 다시 창밖을 내다보았다. 이곳이 어디쯤일까? 우리들 노인자원봉사자 30여 명은 하루 길의 역사문화기행을 마치고 관광버스를 타고 집으로 돌아가고 있는 중이었다. 그러므로 지금쯤 차가 서울근교 어디쯤인가를 지나고 있을 테지만 조국에 돌아온 지 얼마 안 되는 나로서는 어디쯤 차가 달리고 있는지 짐작도 안 간다. 왼쪽 차창 밖으로 아까부터 강줄기가 따라왔던 것으로 보아 서울이 가까운 것 같기는 한데……. 강이 참 길기도 하다.

"그런데 말입니다 박 선생님. 그래도 나는 도저히 이해가 안 되는 게, 그럼 카바레나 디스코장, 혹은 노래방에서 만나는 여자들, 그러니까 그런 곳을 출입하는 여자들은 죄다 몸을 파는 여자들이냐 이겁니다."

"아니지요. 소문에는 가정주부들도 많다고들 하는데, 확실한 거야 알 수 있겠습니까? 그래도 분명한 것은 그런 여자들이 모두 몸을 파는 여자들은 아니라는 겁니다. 물론 그런 여자들도 섞여 있겠지만 말입니다. 그러니까 이렇게 보시면 아마 얼추 맞을 겁니다. 옛날에, 사회가 이 지경이 아니었을 때도 남자들은 바람을 피우지 않았습니까? 그때 바람을 피우던 남자들이나 지금 바람을 피우고 있는 남자들이나 다 정상 가정의 남편들이 아닙니까? 다시 말하면 바람피우는 남성들이 영업적으로 바람을 피우는 것이 아니고 그냥 평범한 가정의 남편들이 바람을 피우듯 여자들도 이젠 그런 세상이 된 것이다, 그렇게 보시면 아마 거의 틀림없을 겁니다."

그때 또 한 번 앞좌석의 술 취한 김 선생이 '어, 흠!' 하고 외마디 소리를 내 질렀다. 마치 우리가 나누고 있는 대화를 엿듣고나 있었다는 듯!

"어허, 그래요? 여자들도 남자들처럼 바람을 피우는 세상이 되었다!"

나는 또 잠시 할 말을 잊는다.

(여자들도 남자들처럼 평범하게 바람을 피우는 세상이 되었다니……? 그것이 사실이라면 이건 굉장한 일이다. 아까 내가 박 선생에게 창밖의 러브호텔을 가리키며 말을 시작하였을 때 내가 뭐라고 하였는가? 남자란 동물들은 생리적으로 바람피울 위험성을 다분히 가지고 있는 존재들이라는 것을 나도 남자니까 잘 안다고 말하지 않았느냐? 그 말은, 그러니까 여자들은 안 그런 줄 알고 있었다는 뜻이 된다. 그런데 박 선생의 말은 사실은 여자들도 그렇다는 사실이 현실로 밝혀졌다는 말이 아닌가?)

"저, 박 선생님, 나는 그래도 이해가 안 되는데요. 우리는 어려서부터 여성이란 정숙한 존재다, 라는 생각을 가지고 살아오지 않았습니까? 우리가 어렸을 때만 해도 사회적으로 그 말은 맞는 말이 아니었습니까? 그 당시 누가 감히 방금 박 선생 말대로 불과 몇 십 년 후면 가정주부들도 남자들과 똑같이 바람을 피우는 세상이 될 것이라고 상상이나 했겠습니까?"

"그건 그랬지요. 그러니까 도덕이 거짓말을 하였던 셈이지요. 여자는 이래야 된다, 저래야 된다고 위장망으로 덮어씌워 놓았던 것에 지나지 않았으니까요."

"도덕이 거짓말을 하였다고요? 허어 그것 참, 재밌는 말씀입니다. 아니 그건 혁명적인 발상인데요. 여자들을 거짓 위장망으로 덮어두었던 것에 지나지 않는 것이 도덕이라? 그럼 도덕이란 게 말짱 위선이라는 말씀이 아닙니까?"

"성 문제에 관한한 다분히 그런 셈이라고 할 수 있지요. 여자들도 벗겨 놓고 보니까 남자들이나 똑같이 바람피우고 싶어 하는 동물들이었는데 그동안 도덕이라는 것이 소위 정숙이라는 보자기로 여자들을 덮어 씌워 가두어 놓았던 셈이었고, 철 없었던 우리들은 모두 그게 진실인 줄로 알았던 것 아닙니까? 남성중심 사회라는 게 뭐 별겁니까? 다 그런 식의 것들이었지요."

"허어, 그것참! 그렇게 따지고 보니 그런 셈이 되는군요. 그러니까. 여자들도 본래는 그런 존재가 아니었는데 허울 좋은 도덕이라는 것이 여자들에게 정숙이라는 도포를 덮어 씌워서 가두어 놓았기 때문에 우리는 도덕이라는 도포 자락의 겉모습만 보고 그것이 곧 인간의 실체인 줄 잘못 알게 되었다 이 말씀 아닙니까? 그리고 그 도덕이라는 것도 알고 보면 남성들이 여성들을 온전히 자기 것으로 가둬두기 위한 일종의 감금술이었을 뿐 거기서 여자들을 해방시켜 놓고 보니까 여자라는 동물들도 남자라는 동물들과 똑 같이 바람피우고 싶어 하는 존재들이라는 사실이 드러나게 되었다 이런 말씀인데, 허어, 그것 참! 그렇다면 도덕이 몽학蒙學선생이었던 셈이군요?"

"몽학 선생이요? 그게 뭡니까?"

"성경에 보면요, 몽학 선생이란 것이 있습니다. 예수가 유대 나라에서 태어나지 않았습니까, 지금의 이스라엘이지요. 당시 유대 나라는 구약 성서만 믿는 유대교 나라였거든요. 그런데 예수가 나타나서 하는 말이 구약은 몽학 선생이었다 라고 설교 하였던 겁니다. 몽학 선생이란 어린아이들이나 가르치는 선생이란 뜻이지요. 그러나 이제는 몽학 선생 시대는 지나갔으니 예수를 믿어야 된다, 이렇게 되었던 겁니다. 당시로서는 혁명적인 발언이었지요. 중요한 것은 몽학 선생이라는 구약은 본래 사람을 살리기 위한 데에 목적이 있었는데 결과적으로는 오히려 사람을 죽이는 것이 되었다는 겁니다. 왜 그러냐 하면 율법 조항이 자그마치 6백 개가 넘는데 일생 동안에 그중 하나라도 범했을 때는 6백 개 전부를 다 범한 것이나 같은 죄인이 되었기 때문이지요. 그러니 누가 거기 걸려 넘어지지 않고 살아남을 수 있었겠습니까? 그 결과 사람들이 모두 거룩한 체하게 되었고, 심지어 거룩한 체하기 위해서 갖은 편법까지 만들어 내게 되었다는 겁니다. 그러니까 구약이라는 몽학 선생 시절에는 인간이라는 존재의 실상이 밝혀지지 않았던 겁니다. 박 선생이 말한 우리 시대의 도덕과 같은 것이었던 셈이지요. 그런데 예수가 와서 그들이 뒤집어쓰고 있는 허울뿐인 거룩한 체를 걷어 내고 보니까 이건 죄다 똑같은 죄인들이었다는 사실이 드러나고 만 겁니다. 여자를 보고 음욕을 품는 자는 이미 마음에 간음한 자다, 라는 것이 예수의 잣대였거든요. 옛날에는 남자들만 바람피우고 싶어 하는 동물들인 줄 알았었는데 도덕이라는 위선을 벗겨 놓고 보니까 여자들도 똑같은 존재들이었다는 사실이 밝혀진 것과 같은 셈이지요. 군대 갈 때 빨가벗겨 놓고 성기 검사하는 것 있지 않았습니까? 우리 때는 그랬지요. 그때 일렬로 세워 놓고 빨가벗겨놓은 물건들 가운데서 부끄럽지 않은 물건 가진 놈 한 놈이라도 있었습니까?"

"어, 흠! 어, 흠! 어, 술 깬다. 술! 술! 술 더 가져와!"

앞좌석의 김 씨가 술이 깨는 모양이었다.

# 작가란 돌을 던지는 자인가?

문학은 형이하학의 세계이다. 사람들이 가리고 사는 것들, 감추고 사는 것들, 말하지 않고 사는 것들, 안 그런 척하고 사는 것들에 관해서 쓸 준비가 안 되었다면 아직 글을 쓰지 말라. -본문 중에서

"연로하신 은사님 한 분을 모시고 제자 몇 명이 환담을 나누던 자리에서의 일이었습니다. 선생께서 이런 말씀을 하셨지요. 당신께서 나이 일흔이 될 때까지는 아직 노인이라는 느낌이 그다지 들지 않았다는 거예요. 나이 여든이 되어서야 나도 이제는 노인이로구나 느끼게 되었는데 그러자 제일 먼저 생각난 것이 돌아가신 어머니였다는 겁니다. 어머니도 지금 나처럼 이렇게 외로우셨겠구나……."

내가 이동 중인 차 안에서 이렇게 말머리를 꺼내자 누군가 금방 내 말을 중도에서 낚아채다가 다음과 같은 유머로 화두를 바꿔 버린다.

"어느 마을에 외롭게 사는 할머니 한 분이 있었는데 하루는 산에 나물 뜯으러 갔다가 못된 놈에게 겁탈을 당했다지 뭡니까. 동네 할머니들이 모두 몰려와서 세상에 그런 몹쓸 놈이 있느냐, 다시는 산에 혼자 가지 마라, 침방울을 튕겼지요. 그런데 다음날 동네 할머니들이 모두 사라져 버렸다는 거예요. 동네 사람들이 큰일 났다고 찾아다니다 보니까 할머니들이 모두 산에 나물 뜯으러 가 있더라지 뭡니까."

민박집에 하숙하며 관광안내원이 운전하는 차를 타고 3일 동안 제주도를 돌아보던 중의 일이었다. 남녀 문인이 합숙을 하며, 같은 차를 타고 이동하면서 다니는 사이 서로 더 많이 친해지고, 더 많이 허물없는 사이가 되어갔다. 그러자 격의 없는 농담들이 줄을 잇게 된 것이다.

'할머니들이 모두 산에 나물 뜯으러 가 있더라는' 말에 모두들 깔깔 대고 웃음을 터트렸다. 그러나 나는 갑자기 머리를 한 대 얻어맞은 듯 한 느낌이었다. 번뜩, 지금 까지 내가 써 온 글들은 과연 무엇이었나, 라는 생각이 들었기 때문이다.

제주도는 내 생애 처음 가보는 곳인데다가 무엇보다도 30년 동안 떠나 살던 고국에 돌아와 그리던 문우들과 2박 3일 동안 합숙을 하면서 정을 나누게 되었으므로 더없이 즐거운 여행이었다.

그런데 나는 그 즐거운 여행을 혼란과 고민 속에 보내게 된 것이다. '할머니들이 모두 산에 나물 뜯으러 가 있더라'는 농담으로 촉발된 혼란과 고민은 여행 마지막 날 제주 민속촌 근처에 있는 어느 음식점에서 들은 여종업원의 상상을 초월한 야한(?) 농담으로 마치 링 위에서 비틀 거리던 권투 선수가 마지막 넉아웃 펀치를 얻어맞고 쭉 뻗는 꼴이 되어 버리고 말았다.

안내원이 우리를 안내해 간 음식점은 평범한 한식집이었다. 자리를 잡고 앉은 후 음식이 배달되는 사이의 일이었다. 옆에 앉았던 선배 문인 한 분이 나에게 술 한 잔을 권하였다. 이 술은 독한 술이 아니므로 한 잔 해도 괜찮을 것이라는 말과 함께.

그렇게 권하는 독하지 않은 술이라는 것을 보니 노란 빛깔의 묽은 죽 같은 것이었다. 나에게 술을 권한 그 선배 문인이 이 술은 제주도의 유명한 특산물 가운데 하나인 좁쌀 껍데기로 빚은 '조 껍데기 술'이라고 하였다.

그러자 앞에 앉았던 입담 좋은 관광 안내원이 이 술은 이름을 말할 때 조심해서 발음을 해야지 그렇지 않으면 점잖은 자리에서는 큰일 난다고 하였다. 내가 그게 무슨 말이냐 하였더니 그때 음식을 나르던 나이 40 초반쯤 되어 보이는 여종업원이 대뜸 그 말을 낚아채가서 하는 말이,

"무슨 말은 무슨 말이겠어요. 조는 조씹껍데기니까 조 껍데기로 만든 술은 좆껍데기 술이 되는 거지요."

라고 하는 것이 아닌가?

'조' 자를 말할 때 발음을 잘해야 된다는 말은 금방 머리에 떠 오른 생각이 있어서 곧 이해가 되었다. 고등학교 때 역사 선생님이 조趙 나라 이야기를 하시다가 '이놈들, 조 나라를 좆나라 좆나라 하지 마라.' 하시던 일이 생각났기 때문이다. 그러나 나는 생전 '씹껍데기'라는 말은 들어 본 일도, 그런 말이 있는 줄조차 몰랐다. 그런데 저 생면부지의 식당 여종업원은 낯선 손님들 앞에서 더구나 여성 문우들도 있는 식탁 앞에서 낯색 하나 안 붉히고 '씹껍데기, 좆껍데기'를 그냥 보통 말하듯 하지 않는가!

그런데 '씹껍데기'라는 말에 하도 놀라서 그 말 전체를 문장으로 알아듣지 못하였다. 그래서 그 말을 메모하기 위해서 나중에 다른 회원들이 회의를 하기 위해서 방으로 들어간 사이에 조금 뒤처졌다가 그 여종업원에게 아까 한 말을 다시 한 번 해 보라고 하였더니 이건 또 웬 일인가? 그 여종업원은 시치미를 딱 떼고 내가 언제 그런 야한 농담을 하였느냐는 듯 한사코 거절하는 것이 아닌가!

허어, 이런 괴이한 일이 있는가? 내가 헛소리를 들었단 말인가? 아까는 누가 묻지도 않았는데 음식을 나르다가 손님들이 하는 말을 가로채서 그런 말도 못 알아듣느냐, 핀잔이라도 주듯 당당하게 '씹껍데기, 좆껍데기' 하던 여자가 다시 한 번 해 보라고 하자 언제 내가 그런 말을 하였느냐는 듯 시치미를 딱 잡아떼다니!

내가 '할머니들이 모두 산에 나물 뜯으러 가 있더라'는 유머와 '씹껍데기, 좆껍데기' 농담에 충격 받은 까닭은 성경에 나오는 '간음 중에 잡혀 온 여자' 이야기가 머리를 때렸기 때문이었다.

> 서기관들과 바리새인들이 간음 중에 잡힌 여자를 끌고 와서 가운데 세우고 예수께 말하되 선생이여 이 여자가 간음하다가 현장에서 잡혔나이다. 모세는 율법에 이러한 여자를 돌로 치라 명하였거니와 선생은 어떻게 말하겠나이까. 저희가 이렇게 말함은 고소할 조건을 얻고자하여 예수를 시험함이러라. 예수께서 몸을 굽히사 손가락으로 땅에 쓰시니 저희가 묻기를 마지아니하는지라. 이에 일어나 가라사대 너희 중에 죄 없는 자가 먼저 돌로 치라 하시고, 다시 몸을 굽히사 손가락으로 땅에 쓰시니 저희가 이 말씀을 듣고 양심의 가책을 받아 어른으로 시작하여 젊은이까지 하나씩 나가고 오직 예수와 그 가운데 섰는 여자만 남았더라. 예수께서 일어나사 여자 외에 아무도 없는 것을 보시고 이르시되 여자여 너를 고소하던 그들이 어디 있느냐 너를 정죄한 자가 없느냐. 대답하되 주여 없나이다. 예수께서 가라사대 나도 너를 정죄하지 아니하노니 가서 다시는 죄를 범치 말라 하시니라.
>
> (신약성경 요한복음 8장 3절~11절)

에세이(수필)문학이 시, 소설 등의 창작문학과 다른 근본 특징은 사실의 소재 자체를 작품의 제재로 삼는 문학이라는 점이다. 이 같은 수필만의 태생적 특징이 없어지게 된다면 더 이상 에세이는 존재하지 않게 될 것이고, 그럴 필요도 없게 될 것이다.

그런데 사실의 소재란 무엇인가? '씹껍데기와 좆껍데기'는 제외한 나머지 것들만 사실의 소재가 될 수 있는 것인가? 산에 나물 뜯으러 간 할머니들 이야기는 에세이의 소재가 되어서는 안 되는 것인가?

만약에 제주도의 그 식당 여종업원에게 나의 첫 번째 에세이집(『꽃과 여인을 노래할 수 없는 시대』)을 건네준다면 어떻게 읽을까? 이렇게 든 저렇게 든 읽기나 할까? 나는 그 책에서 1990년대 초 갑작스럽게 처녀애들이 배꼽을 내놓고 나돌아 다니는 등 급변하는 대중문화의 도덕적 타락 현상에 대해서 맹렬하게 성토를 하고 있었는데 '씹껍데기, 좆껍데기'라는 말을 아무렇지 않게 하고 있는 그 여자가 나의 그런 글을 읽기나 할 것이며, 억지로 읽는다 해도 과연 무슨 감동을 받을 수 있을 것인가?

문학이란 무엇인가? 작가란 무엇을 하는 사람인가? 작가란 돌을 던지는 자인가? 문학이란 돌을 던지는 이야기이어야 하는가?

돌을 던지는 행위는 정죄다. 정죄는 내가 의로울 때만 가능한 일이다. 나도 똑같은 죄인이라는 사실이 밝혀진다면 돌을 던질 수 없을 것이다. 그래서 예수 앞의 동네 사람들이 어른으로부터 젊은이까지 모두 돌을 놓고 돌아간 것이 아니냐? 작가가 돌을 던지는 자라면 작가는 '의로운 자'라는 뜻일 것이다. 작가는 의로운 자인가? 그러므로 동네 사람들이 다 물러간 후 홀로 남아서 간음한 여자에게 돌을 던질 것인가?

간음하다 잡혀 온 여자, 그는 누구인가? 그가 바로 세상이 아닌가? 문학이란 세상을 심판하고 정죄하는 것인가? 나는 그 동안 간음한 여자 앞에 홀로 남아서 맹렬하게 돌을 던져 오지 않았는가?

산으로 나물 뜯으러 간 할머니들 이야기에 모두들 웃음을 터트린 그 웃음의 의미는 무엇이며, 식당 여종업원의 '씹껍데기, 좆껍데기'에 웃음을 터트린 그 웃음의 의미는 무엇인가? 그 의미가 무엇이 되었든 '모두들 웃음을 터트린' 그것은 어떤 공감이 가기 때문이 아니겠는가? 그 공감의 실체는 과연 무엇인가?

나물 뜯으러 간 할머니들의 '외로움'은 성性적인 외로움은 전혀 없는 형이상학적인 외로움이기만 해야 되는가? 그래야 고상한 것인가? 그래야 철학적이고, 그래야 종교이며, 그래야 거룩한 것인가? 그리고 그래야 진정한 도덕이고, 그리고 그렇게 써야 문학이 되는 것인가?

나는 저 90년대 초 갑자기 배꼽을 내놓고 나돌아 다니게 된 처녀 아이들의 배꼽이 되어 본 일이 있는가? 배꼽이란 무엇인가? 배꼽은 왜 자기를 드러내놓고 싶어 하는가? 나는 단 한 번이라도 배꼽 편에서 배꼽을 위하여 고민 해 본 일이 있는가? 없다! 나는 드러난 배꼽을 보자마자 즉각적으로 돌을 던졌을 뿐이었다.

이렇게 묻고 생각하다보니 갑자기 눈앞이 캄캄해지며 그동안 써 온 글들을 모두 다 불 태워 버리고 싶은 심정이 든다. 나야 말로 예수가 질타한 '인습적 거룩 병'으로 자신을 위장하고, 점잖은 체, 거룩한 체 해 온 회칠한 무덤이 아니었는가!(신약성경 마태복음 23장 27절)

간음하다 잡혀온 여자 이야기에서 돌을 던지려 한 자들의 주제는 정죄였다. 그렇다면 예수의 주제는 무엇이었는가? 예수는 돌을 던지려는 자들에게 말하였다.

"너희 중에 죄 없는 자가 먼저 돌로 치라."

그러자 사람들이 하나 둘 떠나갔다. 젊은이들까지 모두. 그리고 여자만 홀로 남았다. 예수는 그 여자에게 말하였다.

"나도 너를 정죄하지 아니하노니"

이것은 무엇인가? 구원이다. 예수의 주제는 정죄가 아닌 구원이었던 것이다.

동네 사람들에게 머리채를 잡혀 끌려온 그 여자는 얼마나 외로운 존재였는가? 사람들이 다 떠나 간 후 예수 앞에 홀로 서 있던 여자는 얼마나 두렵고 떨리는 존재였는가? 그런데 그것이 바로 세상이라는 것이다.

나는 단 한 번이라도 그 여자의 처지에 서 본 일이 있었는가? 그리고 그 여자의 외로움에 동참해 본 일이 있는가? 그런 글을 써 본 일이 있었는가? 나는 단 한번이라도 산으로 나물 뜯으러 간 할머니들의 몸의 외로움에 어떤 공감을 느껴 남몰래 가슴 아파해본 일이 있는가? 그 같은 아픔이나 공감을 작품화 해 본 일이 있었는가? 나는 단 한 번이라도 '씹껍데기와 좆껍데기'의 의미를 공상이나마 해 본 일이 있었는가? 사람들은 왜 '씹껍데기와 좆껍데기'라는 상스런 말에서 남모르는 쾌감을 느끼는 것일까? 나는 그 같은 쾌감의 출처가 무엇을 의미하는지 그 실체에 접근 해본 일이 있는가?

성性은 우주만물의 생명의 원천이다. 생명의 나눔이며, 생명의 공유公有이다. 그렇기 때문에 성은 인생의 최상의 축복이고, 기쁨이고, 생명현상의 영원한 축제다. 이 같은 사실을 가장 극명하게 보여주는 것이 임신과 출산의 과정이 아닌가.

그러므로 풀 한 포기, 나무 한 그루, 새 한 마리, 물고기 한 마리, 심지어 벌레 한 마리조차도 짝을 잃었을 때는 외로운 법이다. 그것이 바로 모든 산 것들의 '외롭다'는 말의 본질적 출처였던 것이다.

나는 그래서 지금까지 '성희롱 금지법'이라는 것에 그토록 맹렬히 분노를 느껴왔던 것이 아닌가? 나에게 있어서 '성희롱'이라는 단어의 뜻은 '성추행'이나 '성범죄'라는 말하고는 전혀 관계가 없는 말이다. 나에게 '성희롱'이란 동네 어린아이들이 소꿉장난을 하면서 너는 신랑 하고 나는 각시 하자는 말하고 꼭 같은 뜻일 뿐이다. 그 같은 일은 새들은 물론 물고기들도, 심지어는 돼지들까지 아무 거리낌 없이 즐기고 있는 우주 만물 가운데서 가장 아름다운 삶의 양상인 사랑놀이의 사랑표현인 것이다.

그렇기 때문에 나는 성희롱 금지법이라는 것이 현대의 폭발적인 성범죄 사태 때문에 생겨나게 된 배경은 이해하면서도 그것이 인간의 기본적인 삶의 양상인 사랑표현마저 족쇄를 채우는 결과를 낳고 있는 현상에 대해서 맹렬하게 분노를 느껴 왔던 것이다. 사랑놀이를 하지 말라니! 사랑놀이가 범죄라니! 이것들이 다 미친 것들이 아닌가!

그런 생각을 가지고 있는 자신임에도 나는 동네 사람들에게 끌려 온 그 여자의 외로움과 그 여자에게서 성을 산 남자들의 외로움에 대해서 단 한 번이라도 고민은커녕 관심이나마 가져본 일이 있었는가?

도대체 이것이 어떻게 된 일인가? 잃어져 가는 사랑놀이에 분노를 느끼는 나는 누구이며, 산으로 간 할머니들 이야기와 '씹껍데기, 좃껍데기'에 놀라고 경악하는 나는 누구인가? 그리고 드러난 배꼽에 돌부터 던진 나는 과연 누구인가?

남자와의 성적 교섭이 아닌 성령으로 잉태된 하나님의 아들 예수조차도 태어날 때는 여성의 자궁에서 태어났다는 사실을 아는가, 모르는가? 예수도 여성의 자궁에서 태어났거늘 자신이 태어난 씹을 최악의 욕으로 여기는 인류의 어리석음과 위선! 그 위선자 중 하나가 바로 자신이 아니었는가!

　나 자신이 지난 20년 동안 이성과의 성적 접촉을 단절 당하고 산 경험에 의하면 성이란 이성이 내 앞에 있다는 것 자체가 이미 성생활의 시작이었다. 장님이 되면 다른 모든 감각이 눈을 대신하여 예민하게 발달하듯 장기간 성생활을 차단당하는 동안 여성의 체취에 대한 감각이 스스로도 깜짝깜짝 놀랄 정도로 예민해지는 것을 경험해오지 않았는가? 여자의 음성을 듣는다는 것 자체가 성행위였고, 여자의 호흡을 느끼는 것 자체가 성행위였으며, 여자의 옷깃이 혹 내 팔소매를 스친다면 그것은 이미 격렬한 성행위가 되지 않았던가? 내가 의지적으로 그렇게 되려고 해서 그렇게 되었는가? 아니다. 나의 몸이 내 의지와 관계없이 저 스스로 그렇게 느끼고 있었던 것이다.

　산에 나물 캐러 갔다가 겁탈 당한 할머니의 얘기를 듣고 다음날 동네 할머니들이 모두 산으로 몰려갔다는 우스갯소리는 교회 강대상에서는 할 수 없는 농담이다. 사람의 유전遺傳대로 그렇게 길들여져 왔으므로. 그러나 그 우스개 속에는 몸의 존재로서의 인간의 실상이 적나라하게 드러나 있지 않은가? 성이 인간의 실존적 실체라는 사실은 프로이트가 톡 까놓고 속을 뒤집어 보여주지 않았더라도 나 자신의 경험만으로도 적나라하게 확인하지 않았던가?

　문학이란 무엇인가? 작가란 무엇인가? 세상을 정죄하고 심판하는 것이 문학인가? 작가란 예수처럼 '너희 중에 죄 없는 자가 먼저 치라.'고 말하는 자이어야 하지 않는가? 예수는 아무도 정죄하지도 않았고, 심판하지도 않았다. 다만 인간의 실체를 드러내 보여주었을 뿐이다.

여기서 중요한 것은 예수의 시학詩學은 어느 편도 편애하지 않았다는 사실이다. '간음하다 들킨 여자'를 고소하는 사람들의 편에 서는 편애도 하지 않았고, 그 여자 편을 들어 사람들을 나무라지도 않았다. 예수가 드러내 보여 준 것은 돌을 던지려는 자들도 붙잡혀 온 여자와 똑같은 죄인이라는 사실을 드러내서 보여준 것뿐이었다. 사람들은 예수의 어떤 꾸짖음을 듣고 물러간 것이 아니었다. 드러난 자신들의 실체를 발견하고 하나 둘 돌을 놓고 물러가게 되었던 것이다.

문학이란 산으로 나물 뜯으러 간 동네 할머니들의 외로움을 정죄하는 것도 변명하는 것도 아니다. 다만 밝은 것은 밝은 대로, 어두운 것은 어두운 대로 그 실체를 형상화할 뿐이어야 하는 것이 문학이 아닌가? 방금 '씹껍데기, 좆껍데기'를 아무렇지 않게 말했다가 돌아서서는 그런 말을 한 일이 없다고 시침 딱 떼는 그 말 못하는 닫힌 외로움을 있는 그대로 형상화할 뿐인 것이 문학이어야 하지 않는가?

지난 독신생활 20년 동안 추운 것도 배고픈 것도 다 견디기 힘들었지만 외로움만큼 힘들지는 않았다. 추울 때는 누구에게라도 춥다고, 배고플 때는 누구에게라도 배고프다고 말 할 수 있었기 때문이다. 그러면 누군가 옷도 가져다주고 밥도 가져다주었다.

그러나 몸의 외로움은 출구가 없는 꽉 막힘이었을 뿐이다. 개마저도 외로울 때면 달을 보고 짖을 수 있지만, 사람은 아무한테도 몸의 외로움을 말할 수 없기 때문이다. 세상에 몸처럼 외롭고 고달픈 것이 무엇이 있으랴! 세상에 가득 찬 것은 예수 앞에 끌려온 여자 같은 외로운 자들이다.

도둑이란 누구인가? 못 가진 자 곧 사회적 약자들이다. 매춘녀들은 누구인가. 못 가진 자 곧 사회적 약자들이다. 성범죄자는 누구인가? 못 가진 자 곧 성적 사회적 약자들이다.

도둑을 향해 돌을 던지는 자들은 누구인가? 가진 자들이다. 매춘녀들을 향해 돌을 던지는 자들은 누구인가? 가진 자들이다. 성범죄자들을 향해 돌을 던지는 자들은 누구인가? 이들 모두가 하나 같이 다 가진 자들이다.

못 가진 자들을 위해 돌을 던지는 대신 그들의 못 가진 슬픔과 고통에 관심을 가지는 자는 있어서는 안 되는가? 누가 도둑을 위해서, 누가 성범죄 자를 위해서, 누가 매춘녀를 위해서 "너희 중 죄 없는 자가 먼저 돌로 치라."는 말을 해야 하는가? 작가가 아닌가?

문학이란 도덕적 비난도 아니고, 윤리적 정죄도 아니며, 법률적 재판이나 철학적 주장도 아니다. 문학은 말하고자 하는 대상을 형상화해 보여주는 일을 할 뿐이다. 그 결과 돌을 던지든, 돌을 놓고 떠나가든 그것은 독자들의 몫일뿐이다.

작가도 한 사람의 인격체로 자기 나름의 주의 주장도 있고 종교도 있을 것은 당연한 일이다. 그러나 창작에 임한 작가는 어떤 코뚜레에도 코를 꿰어서는 안 될 것이다. 그가 창조하는 인물이 선인이라면 선인의 입장에서 그를 그려야 할 것이고, 그가 악인이라면 악인의 입장에서 그를 그려야 할 것이다.

창작은 신神적 창조의 모방이다. 신이 말하지 않은 창조세계가 있는가? 문학은 형이상학이 아니다. 문학은 형이하학의 세계이다. 사람들이 가리고 사는 것들, 감추고 사는 것들, 말하지 않고 사는 것들, 안 그런 척하고 사는 것들에 관해서 쓸 준비(철학적, 사상적, 종교적, 윤리·도덕적)가 안 되었다면 아직 글을 쓰지 말라. 그런 글은 내가 10수년 전에 썼던 배꼽티에 대한 도덕적 비난처럼 또 하나의 돌을 던지는 '회칠한 무덤'이 될 수밖에 없을 것이다.

# 팔 휘젓지 않고 다니기
## -〈사랑표현 자유법〉을 만들라

 부천으로 이사 오면서 성주산 밑에 방을 얻은 까닭은 산길을 산보하기 위해서였다. 처음 얼마 동안은 봄, 여름, 가을, 산길을 산보하였다.
 그러던 어느 해부턴가 발길이 자꾸 산길 쪽이 아닌 부천역 쪽으로 향하고 있었다. 왜 그런가 생각해 보니 사람이 그리워서임을 깨닫게 되었다. 아침부터 종일 컴퓨터 켜 놓고, 컴퓨터와 얼굴을 맞대고, 일하고, 대화하다 보니 사람이 그리워졌던 것이다.
 부천역 주변은 산보하기에 적당한 곳은 아니다. 사람이 발에 차인다는 말 그대로 복잡하고 시끄러운 데다 각종 행상까지 뒤엉켜서 산보정서하고는 어울리는 곳이 아니었다. 그러나 매끼 밥 때가 지나도 '식사하고 하세요.'라는 말조차 건네는 사람이 없는 생활을 하고 있는 나로서는 조용하고 정취 있는 산길보다 복잡하지만 사람 구경할 수 있는 도심 쪽으로 발길이 가게 되는 것이었다.

오늘도 나는 복잡한 도심을 산보하였다. 그런데 무언지 모르게 거북하고 걸음이 자연스럽지 못하였다. 팔도 불편하고, 걸음도 얼핏 갈 지(之) 자 걸음을 걷는 것 같았다. 내가 왜 이러나? 혹시 몸이 잘못된 것은 아닌가.

그런 게 아니었다. 팔이 불편한 것은 휘젓지 않고 걷느라 그런 것이고, 갈지 자 걸음은 사람들을 피해 다니느라 그런 것이었다. 팔을 휘젓지 않도록 조심하는 까닭은 거의 벌거벗은 듯한 옷차림으로 지나가는 여자들의 엉덩이를 만에 하나 실수로라도 '툭!' 건드리게 될까 무서워서 그런 것이었고, 갈지 자 걸음은 그런 여자들을 피해 다니느라 그런 것이었다. 그러니까 사람을 쳐다만 보고 실수로라도 건드리면 안 되기 때문이었던 것이었다.

나는 벌써 이십 년 이상을 미국에 살 때는 물론 조국으로 돌아와서도 남의 여자 엉덩이를 '툭!' 치기는커녕 네댓 살 동네아이들이 아무리 귀여워도 예쁘다는 표정조차 짓지 못하며 살고 있다. 그래서 아이들로부터 아예 시선을 돌리고 산다.

내 사무실은 초등학교와 고등학교 학생들의 등하굣길에 있다. 아침저녁 조잘대며 학교에 갔다가, 떠들어대며 집으로 돌아가는 아이들이 얼마나 귀엽고 예쁜지 모른다. 그러나 나는 귀를 막고, 눈을 가리고 살고 있다. 자칫 귀엽다고 무심코 볼이라도 만졌다가는 "저 할아버지가 성추행했어요!" 소리치게 되면 그것으로 나의 인생은 가장 추잡스런 생애로 마감하게 될 것이기 때문이다.

남의 여자 엉덩이는 '그랩gripped'은 물론 '툭' 쳐도 안 되는 일이다. 남의 여자 엉덩이뿐이 아니다. 딸아이라도 시집가게 된 과년한 딸의 엉덩이는 함부로 '툭' 칠 수 없는 일이다. 하물며 '그랩'이겠는가. 그런 일이 사회문제가 될 정도로 빈번히 일어난다면 마땅히 법으로라도 금해야 할 것은 당연한 일이다.

그러나 성희롱에는 남의 여자 엉덩이를 '툭!' 치거나 '그랩'하는 짓만 있는 것은 아니다. 프로이트가 아니더라도 불알이 여물자마자 깨닫게 되는 것이 아기가 예뻐서 볼을 쓰다듬어 주는 일로부터 파파 할아버지와 할머니가 손잡고 공원을 산책하는 일까지 그 모두가 다 성희롱, 곧 애정 표현이라는 사실 아닌가?

희롱과 추행은 다르다. 희롱의 본질은 애정표현에 있고, 추행의 본질은 범의犯意에 있다. 나는 어디서 태어났는가? 나는 우리 아버지와 어머니의 성희롱 속에서 태어났다. 나의 아버지와 어머니는 어디서 태어났는가? 나의 할아버지와 할머니의 성희롱 속에서 태어났다. 성희롱, 즉 사랑짓이 없다면 지구촌은 사람은 물론 호랑이도 돼지도 지렁이도 살 수 없는 무생물 지옥이 되고 말 것이다.

빈대는 잡아야 된다. 빈대뿐만이 아니다. 이louse도 잡아야 된다. DDT 발명으로 이를 박멸한 결과 인류는 발진티푸스에서 구원받게 되었다. 그러나 빈대를 잡기 위해서 초가삼간을 태우는 일은 어리석은 짓이다.

인간관계의 초가삼간은 무엇인가? 다름 아닌 사랑표현이고 사랑짓이다. 우리 사회에 모자라고, 모자라고, 또 모자란 것이 무엇인가? 사랑표현과 사랑짓이 아닌가. 그런데 70 노인이 '저 할아버지가 성추행했어요.' 한마디가 무서워서 동네 아이들을 예쁘다고 볼 한 번 만져 줄 수 없다니! 그리고 이제는 길거리마저 아차 실수로라도 지나가는 여자들의 엉덩이를 '툭!' 건드리게 될까 무서워서 팔을 휘젓지 않고 다니느라 참나무토막 같이 뻗정대며 갈 지 자 걸음을 걸어야 하다니! 이것들이 과연 사람의 종자들이란 말인가?

신神은 한 번 있다가 없어질 만물을 창조하신 것이 아니었다. 신이 창조하신 것은 사랑이었다. 그리고 "생육하고 번성하라."는 지상명령을 내렸다.

생육하고 번성하려면 열심히 짝짓기를 해야 된다. 짝짓기를 하기 위해서는 호랑이도 곰도 토끼도 돼지도 참새도 물고기도 그리고 지렁이까지도 성희롱을 해야 된다. 공작새의 저 화려한 날갯짓이 무엇 하는 짓인지 모르는가? 아침이면 활짝 피어나는 꽃의 만개가 무엇 하자는 짓인지 모르는가? 모두가 성희롱, 곧 사랑 짓, 즉 사랑표현인 것이다. 만물은 사랑 속에서 나오게 되어 있었던 것이다.

밤하늘에 가득한 별들의 눈웃음같이 우주만물에 가득 찬 것이 사랑짓이거늘 70노인이 동네 아이들을 볼 한 번 만져 줄 수 없고, 팔을 휘젓지 않고 다니느라 뻗정 걸음을 걸어야 하다니! 이 천하에 금성과 화성에조차 없을 괴물들아! 희롱과 추행조차 구분 할 줄 모르게 된 이것이 사람 사는 세상이라고 만들어놓고 국회의원, 대통령 노릇을 하고 있단 말이냐?

신이 창조한 세상은 사랑 짓이 충만한 세상이다. 이 땅 위에 인류와 민족의 생존 그 자체보다 우선하는 인권이란 없다. 인류와 민족의 생존보다 우선하는 윤리, 도덕이란 없다. 인류와 민족의 생존 그 자체의 가치를 떠나서 펼 수 있는 철학 사상이 있을 수 없고, 문학예술이 있을 수 없다. 정치의 최우선 목적은 생육하고 번성케 하는 데에 있다. 생육하고 번성하기 위해서는 사랑짓을 해야 된다. 사랑짓이 충만한 세상이 아름다운 세상이고 평화로운 세상이다. 사랑짓 하기 싫은 자들은 우주를 떠나라. 사랑짓을 짓뭉개는 짓은 신의 창조의 손길을 짓뭉개는 짓이다.

빈대는 잡아야 된다. 그러나 초가삼간을 태워서는 안 된다. 빈대는 잡되 초가삼간은 태우지 않을 수 있는 '사랑표현 자유법'을 만들라!

# 사랑에 눈 먼 세상이
# 밝은 세상이다

    내가 한국 사람으로 이 세상에 태어나서 배운 말 가운데서 가장 황홀한 말 한마디를 들라면 그것은 단연코 '연애'라는 말일 것이다. 소월의 시를 처음 읽던 중학 시절부터 지금 이 나이에 이르기 까지 '연애'라는 이 한마디 말은 변함없이 내 가슴을 두근거리게 한다.

    이 세상에 사람으로 태어났다가 평생 연애감정 한번 가져 보지 못하고 죽은 사람이 있다면 그 얼마나 불행한 일일까? 나는 그런 사람에게 이렇게 꼭 묻고 싶다. '당신은 무엇을 가지고 인생이라고 하며 일생을 사신 것입니까?

    인생이란 것은 그것이 무엇이 되었든 그 누군가를 가슴 아프도록 사랑해 본 일이 없는 가슴으로 산다는 것은 나로서는 생각조차 할 수 없다. 그 누군가를 남몰래 사랑해 본 일이 없는 가슴이라면 봄날 동산에 진달래꽃이 아무리 핏빛으로 흐드러지게 핀들 어찌 소월과 같은 애끓는 시심을 가지고 바로 볼 수 있겠는가?

그 누군가를 타는 가슴으로 사랑해 본 일이 없는 사람이라면 가을의 국화꽃 향기가 아무리 천지에 진동한들 어찌 한 송이 국화꽃을 피우기 위해 봄부터 소쩍새는 그렇게 울었나 보다고 읊은 서정주 시인의 시 귀절과 같은 시정을 가져 볼 수 있겠는가?

그 누군가를 진정으로 사랑해 본 일이 없는 가슴을 가진 사람들만이 스탈린과 김일성 같은 공산주의를 할 수 있을 것이라고 나는 생각한다. 그 누군가를 참으로, 순결한 가슴으로, 자기 목숨처럼 사랑해 본 일이 없는 사람들만이 유태인 6백만을 가스실에서 발가벗겨 죽인 히틀러의 제자들이 될 수 있을 것이다.

월남전에 참전했던 많은 젊은이들이 전쟁에서 돌아온 후 심리적 공포감과 번뇌 속에서 남은 생애를 고통스럽게 보내고 있다는 얘기를 전해 듣고 있다. 나는 그들 모두가 그 누군가를 가슴 아프게 사랑해 본 일이 있는 젊은이들이었을 것이라고 생각한다. 그 누군가를 진정으로 사랑해 본 가슴이라면 전쟁의 참상을 겪고 나서 뼈가 저린 번뇌를 하지 않을 수 없을 것이다.

인간이 사랑하는 사람을 위해서라면 목숨이라도 바칠 수 있다고 누구나 다 쉽게 말할 수도 있고, 또 누구나 다 공감 할 수도 있는 사랑에는 두 가지가 있다. 그 첫 번째는 부모가 자식을 사랑하는 사랑이요, 두 번째는 연애하는 상대를 위한 사랑이다. 부모가 자식을 사랑하는 사랑은 인간이 경험하여 온 사랑 가운데서 가장 순수한 사랑이다. 참된 연애의 감정 또한 인간이 경험하여 온 사랑 가운데서 부모의 사랑 못지 않는 순수한 사랑의 감정이다.

참된 연애는 성애性愛를 포함하되 결코 성애에만 빠지는 법은 없다. 소돔과 고모라가 왜 멸망 하였는가? 성애는 무성하되 참된 연애가 없었기 때문이었다.

그런데 이 사람들아! 다른 시대, 다른 사람도 아닌 바로 우리시대의 현대인들이라고 하는 너희들은 어떤가? 처음 만난 지 30분도 안 되어서 러브호텔부터 찾는 그것도 연애라고들 하고 있는가?

개 한마리가 짝을 찾는데도 며칠을 동네 안팎을 헤매며 찾아다니지 않던가? 어항 속에 기르는 물고기 한 마리조차도 알을 까기 위해서 몇 날 며칠 밤을 암놈의 뒤를 쫓아다니는지 아는가? 키씽 구라미라는 열대어는 사흘 밤 사흘 낮을 먹지도 않고 자지도 않고 암놈의 뒤를 쫓아다닌다. 성애만 무성하고 연애가 없는 오늘날의 이 세태야 말로 '소돔과 고모라'와 무엇이 다르단 말인가?

참된 연애의 감정은 이슬처럼 정결하고 용암처럼 뜨거운 것이다. 그것은 사람이 땅에 심는 씨앗들 가운데서 그 어느 것 하고도 비교가 안 될 정도로 오랜 세월 가슴속에 심겨지지 않고는 싹이 틀 수 없는 것이다. 그 같은 연애의 감정만이 이 시대를 핵폭탄의 위기에서 건져내는 구원의 길이 될것이다.

한 이름 없는 처녀를 향한 젊은 청년의 가슴 속의 불덩어리보다 더 뜨거운 핵폭탄은 이 세상에 없는 법이다.

인간 세상이 오늘날까지 이만큼이라도 아름다울 수 있었던 것은 아직 사람들의 가슴 속에는 저마다 그 누군가를 아프도록 사랑 할 수 있는 연애 감정이 살아남아 있었기 때문이다. 특별히 청춘이 아름다운 이유는 젊은이들에게는 인생의 그 어느 때 보다도 뜨겁고 순수한 연애 감정이 살아 있기 때문인 것이다.

나는 젊은 날 대학에 다닐 때 등록금을 마련하기 위하여 어느 출판사에서 잠시 일을 한 일이 있었다. 그때 50대의 우리 과장이 어느 날 회식하는 자리에서 젊은 사원들에게 인생의 선배로서 교훈이 될 만한 말 한마디를 한다면서 다음과 같은 말을 한 일이 있었다. '젊은 시절에 연애에 바친 3년이 인생 30년을 뒤지게 하더라. 그러니 젊었을 때 연애에 빠지지 않도록 조심하라'는 것이었다.

지금 나 자신이 그때 그 사람의 나이가 되었다. 그런데 나는 그때 그 과장하고는 정 반대의 말을 젊은이들에게 해 주고 싶다. 그것은 '연애 감정 한번 가져 보지 못하고 보낸 젊은 날은 남은 인생의 사막이 됩니다.'라고.

그 누군가를 뜨겁고도 순수하게 사랑해 본 일이 없는 가슴을 가지고 물리학 박사가 된다 한들 무엇을 할 것인가? 핵폭탄밖에 더 만들어 내겠는가? 오늘날 인류가 당면하고 있는 문제는 세상을 하루아침에 뒤집어 놓을 수 있는 그 어떤 굉장한 발명품을 새로 만들어 내는 데에 있지 않다. 발명품이라면 지금 있는 것만 가지고도 충분하다. 아니 너무 넘쳐나 공해가 심해 살 수가 없을 지경이다. 나는 컴퓨터의 귀재라는 빌 게이츠와 그의 후배 청년들에게 묻고 싶다. '그런데 자네들! 연애는 해 보았는가?'라고.

오늘날 인류에게 시급히 필요한 것은 한 이름 없는 동네 처녀를 온 젊은 날의 밤을 새워 가며 사랑할 줄 아는 가슴을 회복하는 일이다. 이웃집 처녀를 남모르게 가슴 태우며 사모할 줄 모르게 된 삭막한 인류의 가슴이야말로 지금 지구촌이 당면하고 있는 비극이요 위기다. 이것이야 말로 가공할 핵폭탄이다.

그 누군가를 가슴 저미도록 사랑해 본 일이 없는 사람들 만이 권총 강도 짓을 할 수 있을 것이라고 나는 생각한다.

어느 이름 없는 처녀를 가장 순수한 감정을 가지고 뜨겁게 사모해 본 일이 없는 가슴을 가진 사람들만이 강간 범죄를 저지를 수 있을 것이라고 나는 생각한다.

한 보잘것없는 시골 처녀를 가장 순수한 마음으로 목숨을 바쳐 사랑해 본 경험이 있는 정치가라면 결코 한 시대를 전쟁의 공포에 몰아넣는 전쟁을 계획 할 수 없을 것이라고 나는 생각한다.

오늘날 인류가 시급히 그 역사의 방향을 전환해야 할 과제는 인간의 가슴을 대신 할 수 있는 획기적인 컴퓨터 시스템이 장착된 로봇을 만들어 내는 일이 결코 아니다. 만약 그런 로봇이 등장하게 된다면 그날이야 말로 인류 최후의 날이 카운트다운 되는 날이 될 것이다. 왜냐하면 로봇은 아무리 정교하게 만들어진다 해도 결코 누군가를 밤을 새워 사모하는 일은 없을 것이기 때문이다.

오늘날 인류가 시급히 해야 할 일은 다시 역사와 문화와 종교와 정치의 방향을 저 유명한 〈로미오와 줄리엣〉의 시대로 되돌리는 일이다.

우리들의 농촌은 심훈의 《상록수》 같은 소설이 다시 씌어질 수 있는 시대로 되돌아가야 된다. 우리들의 도시는 이광수의 연애 소설들이 다시 읽혀질 수 있는 시대 감정으로 되돌아가야 한다. 그리하여 작가들이 밤을 새워가며 가슴 두근거리는 연애 소설을 다시 써 내게 되어야 한다.

아름다운 우리조국강산은 다시 춘향이의 애간장 태우는 사랑 타령으로 밤을 밝히게 되어야 한다. 사람들은 다시 그 시대의 수줍음과, 그 시대의 여린 감정과, 그 시대의 착한 마음과, 그 시내의 순수하고 뜨거운 연애의 감정을 가질 수 있게 되어야 한다. 그래야지만 다시 사람이 살만한 세상이 될 수 있다. 무엇보다도 추잡한 짓이 아닌 참 사랑표현이 넘치는 세상, 그리고 도끼눈이 아닌 참 사랑의 눈으로 그 같은 사랑짓을 받아 줄 줄 아는 여인들이 넘쳐나는 세상이 되어야 한다.

오늘날 지구촌의 위기는 대중문화 속에서 조차도 연애라는 것이 사라져 가고 있다는 바로 여기에 있다. 사람들은 이제 더 이상 그런 달콤한 연애 감정 같은 것에는 젖비린내가 나서 쳐다보지도 않게 되었다. 할리우드에서는 밤낮 없이 남자들은 쏘고, 찌르고, 때려 부수고 여자들의 발가벗은 살이 썩는 냄새가 관 뚜껑 열어 놓은 것 같을 정도로 코를 찌르는 영화들만 만들어 낸다. 그 발가벗은 살 속 어디에 가슴 졸이는 연애감정이 있단 말이냐? 이것이 이 시대 지구촌의 비극이요 위기다.

사람의 마음이란 것은 본래부터 그 누군가를 사모 하게끔 창조된 것이었다. 세상의 타락이란 다른 것이 아니다. 사모하는 마음을 잃어버리는 것이 세상의 타락이다. 지금 우리는 그 어느 때 보다도 사람들의 마음속에서 사모의 정을 잃은 황폐의 시대에 살고 있다.

사람들의 마음속에서 연애의 감정이 메말라 버린 시대, 돈만 벌면 된다고 생각하는 속물들이 부끄러운 줄도 모르고 사진을 크게 찍어서 신문에 내고 회장 자리, 의장 자리를 차지하고 앉아서 시끄럽게 떠들어 대고 있는 시대, 이것이 이 시대의 비극이요 위기다.

하늘을 우러러 영원을 사모하는 마음을 회복해야 된다. 영원을 사모하는 마음이라야 그 누군가도 가장 뜨겁고 순수하게 사랑할 수가 있는 법이다.

여성들은 다시 가장 사랑스러운 애인의 모습을 되찾게 되어야 하고 남자들은 핵폭탄을 제조하던 손을 놓고 사랑에 넋이 빠지게 되어야 한다.

그러므로 이 위기의 시대 벼랑 위에 선 이 나라의 젊은이들이여!

사랑에 빠지라.

연애에 빠지라.

사람들의 가슴마다 다시 사랑 병이 들어야 된다. 다시 연애하는 세상이 되어야 살 수 있다. 사랑으로 눈 먼 사람들의 세상이 되어야 한다. 사람들마다 '이는 내 뼈 중의 뼈요 살 중의 살'이라고 고백한 아담 할아버지의 연애 감정을 회복해야 된다. 사랑 병 든 가슴이 성한 가슴이요, 사랑에 눈 먼 세상이 밝은 세상이다.

〈평론〉

# 창작문예수필 발생의 역사적 과정

몽테뉴(Michel Eyquem Montaigne 1533~1592)의 에세이(수필)는 일반산문문학으로 출발하였다. 산문이라는 말에는 두 가지의 뜻이 있다. 하나는 그 형식이 운문이 아닌 산문이라는 '문장형식'의 의미이고, 다른 하나는 그 내용이 창작의 직능이 아닌 '이미 있는 것'에 관하여 토의하는 양식의 문학이라는 '내용'상의 의미이다. 시와 산문의 차이는 문장의 형식(율문 대 산문)에 있음이 아니라 문장의 성질(창조 대 토의)에 있음을 알 수 있다.(《문학개론》 조연현 정음사 41쪽)

일반산문문학이란 무엇인가에 대해서 조연현 교수는 다음과 같이 말하고 있다.

시(창작문학)가 존재의 총계에 부가하는 문학이라면 산문은 기존한 것에 대한 토의의 문학이라는 것이다. 산문문학의 본질은 그 문장 형식이 율문이든 아니든 관계없이 그 직능이 창조행위가 아닌 것, 즉 존재의 총계에 부가 될 수 없는 것에 관한 저술이다.(《문학개론》 조연현 정음사 73쪽)

 기존한 것에 대한 토의의 문학이라는 말의 뜻은 없는 데서 유를 창조하는 창작문학이 아닌, '이미 있는 것'에 관한 새로운 해석이나 의미나 주장 등에 관하여 토의하는 형식의 문학이라는 뜻이다. 본래의 수필, 즉 몽테뉴의 에세이는 '존재의 총계에 부가하는' 새로운 형상적 존재를 창조하는 문학이 아닌 '이미 있는 것'에 관하여 토의하는 양식의 일반산문문학인 것이다.
 이 같은 일반산문문학으로 출발한 에세이는 몽테뉴의 손을 떠나자마자 진화작용이 시작되었다. 그 첫 번째 분명한 변화를 보여준 작가로 지구촌의 문학학자들이 동의하고 있는 작가가 베이컨(Francis Bacon 1561~1626)이다. 베이컨의 뒤를 이어 에세이 문학의 창작적인 변화를 분명하고도 확실하게 가져온 작가는 찰스 램이다. '그러나 근대영문학에 있어서 대표적인 수필가는 역시 램(Charles Lamb 1775~1834)이다. 그는 순문학적인 수필을 처음으로 쓴 사람으로서-하략)'(『문학개론』 백철 361쪽) 찰스 램의 수필에 대한 백철교수의 '순문학적 수필' 비평이야 말로 수필의 진화를 명백하게 밝혀주는 말인 것이다.

몽테뉴 에세이 문장의 대표적 특징은 풍부한 인용문에 있다. 몽테뉴의 에세이 작법은 인용문을 위한, 인용문에 의한, 인용문의 문장이라 해도 과언이 아닐 정도로 인용문에서 인용문으로 이어지는 문장이다. 예를 들면, '왜냐하면 모순 없이는 토론도 없느니라.-키케로'(《대화에 대하여》) 같은 것이다. 이 문장은 필자가 이 글을 쓰면서 몽테뉴의 수상록 아무데나 펼쳐지는 대로 인용한 것이다.

몽테뉴에 비해서 베이컨의 문장은 확연히 다르다. 그의 문장은 비유법의 연속이다. 예를 들면, '확실히 미덕은 고귀한 향기와도 같다. 향은 불에 태우거나 으스러뜨렸을 때 가장 향기롭다. 순탄한 삶은 악덕을 가장 잘 나타내지만 역경은 미덕을 가장 잘 나타낸다.'(《역경에 관하여》) 이 문장 역시 필자가 이 글을 쓰면서 베이컨의 수상록 아무데나 펼쳐지는 대로 인용한 것이다.

이들에 비하여 찰스 램의 문장 세계는 몽테뉴와는 더 이상 동종의 문학으로 여길 수 없을 정도로 다르다. 베이컨의 풍부한 비유법의 문장조차도 비교가 안 될 정도로 찰스 램의 문장세계는 본래의 (비창작)일반산문문학인 에세이 문장세계와는 차원을 달리한 창작적인 문장세계를 보여주고 있다. 그 가장 대표적인 작품이 《꿈속의 아이들》이다.

인용문은 이미 있었던 일에서 취해오는 것이다. 이미 있었던 일은 사실이고 역사다. 일반산문문학에 대한 이론적 개념을

'이미 있었던 일에 관하여 토의하는 형식의 문학'이라고 하는 까닭이 여기에 있다. 몽테뉴의 에세이는 철저하게 이미 있었던 일에 관해서 이미 있었던 일들을 자료로 삼아 토의하는 양식의 문학이었던 것이다.

그러나 비유법은 창조적인 문장법이다. 흔히 몽테뉴의 에세이를 개인적이고 주관적인 문제를 다루고 있는 경수필輕隨筆·informal로 분류하고, 베이컨은 객관적이고 지성적인 중수필重隨筆·formal로 분류하고 있지만 그러나 그 문장형식으로 볼 때 몽테뉴는 철저하게 비창작적인 일반산문문학의 전형적 모습을 고수하고 있음을 확인 할 수 있고, 베이컨은 창작적인 변화의 문장세계를 보여주고 있음을 확인 할 수 있다.

몽테뉴의 에세이 개념은 '시도하다'이다. '시도'라는 낱말은 '실험 개념'을 내포하고 있다. 문학적 실험은 창작을 지향하는 속성을 가지고 있다. 그 결과 몽테뉴의 에세이는 베이컨과 찰스 램을 거쳐 오면서 '창작적인 변화가 용인되는', 즉 창작적인 문학으로 그 개념이 발전, 진화하게 되었다.(《문학개론》조연현. 정음사. 100쪽)

'수필은 창작적인 변화가 용인되는 문학'이라는 개념에 이르러 수필문학은 크게 두 가지 양식의 문학으로 갈라지게 된다. 그 하나는 본래의 일반산문문학인 에세이문학이고, 다른 하나는 창작·창작적인 창작문예수필이다.

필자는 수필문학의 장르를 에세이 문학과 창작문예수필, 크게 두 가지로 구분한다. 그 중간에 산문수필을 두고 있으나 산문수필은 수필의 창작문학 시대가 일반화 되면 창작문예수필에 흡수되어 비평하게 될 것이라고 전망한다. 왜냐하면 산문수필은 그 중심 소재가 주관적 감정·정서 세계이므로 객관적 사실을 소재로 다루는 몽테뉴 본래의 에세이와는 달리 창작적인 변화에 아무 제한을 받지 않는 문학양식이기 때문이다.

필자는 찰스 램의 〈꿈속의 아이들〉을 창작문예수필로 비평하고 있다. 〈꿈속의 아이들〉은 종결문장, '이 말에 곧장 정신을 차려보니 나는 총각신세의 안락의자에 앉아 있고' 이전까지는 완전한 허구, 즉 상상력의 문장세계다. 〈꿈속의 아이들〉은 그 제목과 함께 '이 말에 곧장 정신을 차려보니'라는 사실의 소재 형식 속에 상상력의 이야기를 끼워 넣고 있는 허구적 구성법의 창작작품이다.

몽테뉴가 태어났던 1533년에서 찰스 램이 태어난 1775년 사이에는 242년의 시간적 간격이 있다.

생각해 보라. 242년 동안 아무 변화도 없는 문학양식이 있다면 그것을 과연 문학이라고 할 수 있겠는가? 자연도 십 년이면 강산이 변한다고 한다. 그런데 사람의 정신노동 중에서도 가장 예민하고 감성적인 동시에 지성적이기도 한 문학하는 행위가 근 250년의 세월이 지나는 동안 아무 변화도 없이 몽테뉴가 하였던 고대로 인용문에서 인용문으로 이어지는 철저하게 '있었던 일'에 대한 같은 방법의 토의만 계속하여 왔다면 그것을 과연 문학이라고 할 수 있겠는가? 문학의 태생적 속성은 끊임 없이 변하고 진화 발전하는 데에 있다. 몽테뉴의 손을 떠난 에세이가 베이컨을 만나 비유법적 문장 세계를 열게 되었고, 베이컨의 비유법적 문장이 찰스 램을 만나 창작적인 에세이 문장세계를 열게 된 것은 너무나도 당연한 문학의 진화과정인 것이다.

필자는 찰스 램을 창작문예수필의 시조로 본다. 그의 작품들이 몽테뉴하고도 다르고, 베이컨과도 다른 창작적인 산문수필의 세계라는 점은 이미 학계의 공인된 학설이다. 찰스 램을 에세이문학의 완성자로 여기는 이론적 근거도 여기에 있을 것이다. 이것이 다양한 일반산문문학 양식 가운데서도 유일하게 에세이 문학만을 '창작적인 변화가 용인되는 대표적 문학양식'(조연현 · 몰톤)으로 보게 된 이론적 근거일 것이다.

창작문예수필이 지구촌 문학의 새로운 제3의 새로운 창작문학 장르로 일반화 되었을 때 학자들은 반드시 찰스 램을 에세이의 창작문학 쪽으로 진화를 이끌어 낸 창작문예수필의 시조로 여기게 될 것이라고 필자는 믿는다.

한국 문단에서 에세이의 창작문학 쪽으로 진화현상에 대한 발언을 처음 한 사람은 필자가 아니다. 공정호 교수는 다음과 같이 수필의 진화론을 말하고 있다.

Dr. Johnson(1709~84)의 말을 빌린다면 한 편의 essay는 A loose

> sally of mind, an irregular, undigested piece, not a regular and orderly composition. (한 자유로운 마음의 산책, 즉 불규칙적이고 소화되지 않은 작품이며 규칙적이고 질서 잡힌 작문은 아니다.) 라고 하였다. 이 정의는 고도로 진화한 현대수필에 부합시키기에는 부족한 점이 있다고 하겠으나 a loose sally of mind라는 어구는 분명히 흥미 있는 표현이 아닐 수 없다.(『영미희곡수필평론』 수필론 공정호 198쪽 신구문화사 1964)

이 같은 공정호 교수의 말에서 주목할 점은 두 가지이다. 첫째는 Dr. Johnson의 에세이론은 고도로 진화한 현대수필에는 시효가 지난 이론이라는 점이다. 그러나 '한 자유로운 마음'이라는 표현은 현대수필에도 흥미 있는 표현이라는 것이다. 그것이 왜 흥미 있는가에 대해서는 같은 책 뒤에 다음과 같은 현대수필론이 대답이 되어 주고 있다.

> 20세기에 들어서면 informal essay는 더욱 짧고, 가볍고, 밝게 되는 동시에, 빠르고 암시적인 가운데 그 개인적인 성격이 짙어가고 있다. 집필자의 변덕·기분·감정 등이 직접 친밀하게 반영되는 점은 서정시를 방불케 하며-하략(동상209쪽)

공정호 교수는 현대수필을 '고도로 진화'한 문학이라고 말하고 있다. 또한 그 진화한 대표적 형식이 '서정시를 방불케하는 형식이라는 것이다. 이것이 '시적 발상의 산문적 형상화'라는 창작개념의 창작문예수필 출처인 것이다.

찰스 램의 〈꿈속의 아이들〉은 시詩도 하지 않고, 소설도 하지 않으며, 희곡이나 동화도 하지 않는 새로운 양식의 창작문학 세계를 보여주고 있다. 〈꿈속의 아이들〉은 '이 말에 곧장 정신을 차려보니 나는 총각신세의 안락의자에 앉아 있고'라는 에세이 본래의 '사실의 소재 형식'을 갖추고 있으면서도 완전한 상상력의 창작세계를 보여주고 있다. 여기서 주의하여 보아야 할 것은 '이 말에 곧장 정신을 차려보니 나는 총각신세의 안락의자에 앉아 있고'는 그 앞서 전개되어 온 허구적 사실을 담아내는 '허구적 사실의 소재 형식'이라는 사실이다.

수필의 영원한 운명은 그것은 사실의 소재 자체를 작품의 제재로 삼는다는 데에 있다. 사실의 소재를 작품의 제재로 삼는 거기서부터 창작행위가 시작되는 것이 창작문예수필이라는 것의 양식상의 특성이다. 이것은 시도 하지 않고 소설도 하지 않는 수필만의 특성이다.

사실의 소재를 직접 작품의 제재로 삼아서 어떻게 창작의 세계를 열어갈 수 있는가? 사실과 상상력은 기름과 물과 같은 이질적 관계가 아닌가? 이렇게 생각하는 사람이 있다면 그는 문예창작의 기본 방법이 구성법에 있다는 사실을 잊어버렸거나 모르기 때문일 것이다.

사실의 소재(현실 · 역사)가 플롯 작업을 거친 다음에는 더 이상 '있었던 일'이 아닌 개연성蓋然性의 세계로 변하게 된다는 이론은 아리스토텔레스의 《시학》에서부터 시작된 문예창작의 본질적 방법론이다.

찰스 램은 몽테뉴에서부터 시작된 사실의 소재를 가지고 그 사실에 대한 토의 양식의 에세이가 아닌 소재 자체의 구성작업을 통한 창작적인 산문수필을 만들어 내다가 마침내 〈꿈속의 아이들〉에 이르러서는 소설적 허구창작을 원용한 완전한 상상력의 창작수필 모양을 보여주게 되었던 것이다.

우리 문학이 갑오경장(1894)을 기점으로 고전문학적 방법을 버리고 현대문학적 방법의 새로운 문학을 하게 된 까닭은 문예 창작개념론에 있다. 현대문학의 창작개념론은 아리스토텔레스 이래 신적 창조론 개념에 근거하고 있는 개념이다. 곧 '존재의 총계에 부가하는' 새로운 존재론적 형상창조를 의미한다는 것이 그것이다. '존재의 총계'란 신적창조를 의미한다. 조연현 교수는 이를 다음과 같은 예를 들어 설명하고 있다.

> 가령 어떤 화가 한 사람이 백지 위에 꽃 한 송이를 그렸다면, 그것이 실제한 꽃의 모방이든 혹은 그 화가의 완전한 상상화이든 그것은 실제한 어느 꽃 한 송이와 마찬가지로 이 세상에 꽃의 존재를 하나 더 부가한 것이 된다.(《문학개론》 조연현 정음사 46쪽)

화가가 그린 꽃 한 송이를 새로운 존재로 보는 것이 현대문학의 창작개념이다. 다시 말하면 현대문학의 창작개념은 신이 이 세상에 백 가지의 개별적이고 독립적인 꽃을 창조하였다면 화가가 그린 꽃 한 송이는 신의 백송이 꽃에 새로운 꽃 한 송이를 더하는 창조적 행위가 된다는 것이다. 말할 것도 없이 이것은 종교 사상하고는 관계가 없는 작가의 창작 행위를 비유적으로 설명한 말일 뿐이다.

현대문학의 창작개념은 이 같은 신적 창조론에 원천을 두고 있는 존재론적 창작, 즉 형상적 존재 창작에 있다. 이 같은 신적 창조론에 근거한 창작개념이 동양에는 없었다는 점을 지적한 것이 김동리 선생의 '우리에게는 창작이란 고유한 개념이 없다'는 말의 의미인 것이다.(《문학개론》 어문각 김동리 외 공저 83쪽)

우리나라가 갑오경장 이래 미술, 음악, 무용, 영화, 연극 등 예술일반은 물론 시, 소설, 희곡 등 문학예술도 고전문학적 방법을 버리고 현대문예사조에 의한 새로운 창조적 문학을 하게 되었다는 것은 바로 이 신적 창조 개념의 창작문학을 하게 되었다는 뜻인 것이다. 그러나 시, 소설, 희곡, 동화 등 전체 문학 장르는 물론 미술, 음악 등 예술전반이 모두 다 현대문예사조에 의한 창조적 예술 활동을 하여왔지만 오직 수필만이 엉뚱하기 짝이 없는 몽테뉴보다도 무려 4세기나 앞서 태어났던 홍매(1123-1202)라는 옛 중국 사람의 隨筆 즉 '붓 가는 대로'라는 반문명적 어감語感의 말을 글쓰기 개념으로 삼아왔던 것이다.

창작문예수필은 그 같은 문학적 오류를 부정하며 등장하여, 몽테뉴로부터 베이컨을 거쳐서 찰스 램으로 이어지고 있는 에세이 문학의 정통 진화 이론을 되살려 내는 역사적 과업을 수행하게 되었다.

에세이 문학을 중수필重隨筆·formal과 경수필輕隨筆·informal로 구분하는 것은 에세이 문학 이론의 기초이고 상식이다.

왜 몽테뉴에서 시작된 에세이를 중수필과 경수필로 양분하게 되었는가? 그것은 몽테뉴가 한 일이 아니었다. 몽테뉴의 에세이는 철저하게 처음부터 일반산문문학 한가지로 출발하였다. 그런데 누가 몽테뉴의 에세이를 둘로 갈라놓았는가? 지구촌의 문학학자들이 할 일이 없어서 심심해서 그런 장난을 하였겠는가? 아니다. 문학 본래의 속성인 진화작용이 몽테뉴의 에세이를 다른 모양으로 변화시켰던 것이다. 학자들은 이 진화 현상을 발견하고 에세이 문학을 중수필과 경수필로 크게 양분하게 되었던 것이다. 이 같은 변화의 흐름이 찰스 램에 이르러 마침내 창작문예수필(창작에세이)이라는 새로운 양식의 창작문학으로 탄생하게 되었던 것이다.

몽테뉴 본래의 에세이는 지난 수백 년 동안 지구촌 문화 활동에 없어서는 안 될 중요 문화도구가 되었다. 앞으로도 몽테뉴 본래의 에세이, 즉 (비창작)일반산문문학은 문화 활동의 중심도구로 인류에 공헌하게 될 것이다. 그러나 몽테뉴 탄생 이후 약 250년의 세월이 지난 후 찰스 램을 만나 탄생하게 된 창작적인 산문수필과 창작문예수필은 무궁한 창작의 세계를 향하여 끊임없는 진화와 발전을 하여 갈 것이다.

김기동 교수에 의하면 우리나라의 문학은 '3·1운동부터는 완전히 동양문학의 탈을 벗고 서양 문예사조에 입각한' 문학을 하게 되었다는 것이다. 그러나 그것은 시, 소설, 희곡 등 전통적 창작문학에만 해당 되는 말이다. 문학의 모든 장르는 물론 각종 예술 활동 모두가 현대문예사조에 의한 새로운 창조적 예술활동을 하게 되었지만 오직 기존의 수필만은 고전문학도 아니고 현대문학도 아닌 홍매의 '붓 가는 대로'라는 잡문(메모)론에 의한 문학 아닌 문학을 하여왔던 것이다. '豫習懶 讀書不多 意之所之 隨卽記錄 因其後先 無復詮次 故曰隨筆. 나는 게으른 탓으로 책을 많이 읽지 못했으나, 그때그때 뜻한 바가 있으면 앞뒤의 차례를 챙길 것도 없이 바로 바로 기록하여 놓은 것이기 때문에 수필이라 일컫게 되었다.'(《문학개설》 장백일 홍석형 공저 탐구당 260쪽)

만약에 김기동 교수의 '완전히 동양문학의 탈을 벗고'라는 말이 기존의 수필에도 해당 된다면 오늘날의 수필문학은 전혀 다른 모양의 문학이 되었을 것이다. 즉 몽테뉴를 비롯한 베이컨, 찰스 램 등 온 지구촌이 존경하고 추앙하여 마지않는 위대한 에세이문학의 탑을 쌓아 올렸을 것이다. 그러나 에세이는 이 땅에 들어오자마자 홍매의 잡문론 '隨筆'에 흡수되어 이론적 혼돈 상태에 빠져들고 말았다.

그것이 그렇다는 이론적 증거는 첫째로, 그것의 장르적 이름이 증언해 주고 있다. 시·소설·희곡 등 전통적 창작문학은 현대문학 초창기 때부터 〈시〉, 〈소설〉, 〈희곡〉이라는 분명한 장르 이름을 가지고 현대문학적 방법에 의한 창작활동을 시작하였다. 그러나 수필은 '에세이'라는 이름으로 불리어지지 못하고, '수감隨感'이니 '만필漫筆', 심지어는 '잡문'이라는 이름까지 무려 25가지가 넘는 별명으로 불리어지다가 1920년대 말에 들어와서야 겨우 '수필'이라는 이름으로 정착하게 되었다는 사실이다.(《수필문학의 이론과 실제》 오창익)

기존의 수필의 태동기를 《소년》지가 창간된 1908년에서 《청춘》지의 최종호가 발간된 1918년까지로 본다면(동상 321쪽) 이 시기에는 아직 수필문학이 에세이문학으로도 수필문학으로도 장르적 이름을 얻지 못하고 있었다.

현대 수필문학사에서 '수필'이라는 이름이 처음 등장한 것은 《영대》라는 잡지에 의해서라고 한다.(1924) 그 후 《생장生長》(1925.1), 《문우》(1927.2), 《습작시대》(1927.11) 등이 '수필'이라는 명칭을 사용하면서 하나의 문학 장르 이름으로 굳어지게 되었다는 것이다.(《디지털 시대 수필 쓰기와 읽기》 송명희 푸른 사상사 71,72쪽) 그 전에는 《청춘》(1914~1918)지에서 〈보통문〉이라는 이름으로 수필 현상모집을 한 일이 있고(송명희 동상 63쪽), 그 외 1920년대만 해도 수상, 감상, 만필, 잡필 등 수필의 이름이 무려 25종에 이른다고 되어 있다.(오창익

동상 337쪽)

　이상과 같은 '수필'의 역사는 현대문학 초창기의 '수필'은 서양에서 들어온 '에세이'가 아니었음은 물론 에세이의 우리말 번역 이름도 아니었음을 말해 준다.

　그렇다면 기존의 수필은 우리의 고전수필의 맥을 잇는 고전수필이었는가? 이 점에 대해서는 김봉군 교수의 다음과 같은 진술이 참고가 될 것이다.

> 우리나라에서 수필은 문학의 다른 갈래에 속하는 시나 소설, 희곡, 시나리오 등이 그 발전과정에서 서구의 영향을 크게 받았거나 서구에서 들어와 비로소 성립되었던 데 비해서 비교적 고유의 영역을 지켜왔다. 고전문학과 현대문학의 연결이 수필에서는 '단절'되지 않은 채 연속되었다는 느낌이 든다.(《문학개론》 김봉군 외 공저 개문사 344쪽)

　위의 인용문은 우리나라의 수필은 서양의 에세이와 아무 관련이 없는 고전문학의 전통을 고스란히 이어 받고 있는 문학이라는 뜻인가? 아니다. 시나 소설, 희곡, 시나리오 등과는 달리 '비교적 고유의 영역을 지켜서 고전문학과 현대문학의 연결이 단절되지 않은 정도였다'는 뜻일 뿐이다. 즉 수필은 완전한 고전문학의 '隨筆'도 아니었지만 완전한 'essay'도 아니었다는 뜻인 것이다. 그 가장 명백한 증거가 무려 25가지가 넘는 별명을 전전한 것이다.

 만약에 수필이 '에세이'였다면 그냥 '에세이'라고 부르면 되었을 것이고, 또 그것이 고전문학의 수필이었다면 이 역시 처음부터 '수필'이라고 하면 되었을 것이 아닌가? 그러나 수필은 에세이도 아니고, 고전문학의 수필도 아닌 무려 25가지나 되는 별명으로 전전하여 오다가 1920년대 말에 들어와서야 비로소 '수필'이라는 이름으로 정착하게 되었던 것이다.

 '기존의 수필'의 이 같은 이론적 혼돈상은 무엇을 말해 주는가? 수필에 대한 현대문학 초창기의 사회적 혹평 그대로 수필은 문학 이론적 근거가 없는 '붓 가는 대로'에 의한 '여기의 문학'이요 '서자문학', 즉 잡문이었다는 사실을 말해 주고 있다.

 수필문학이 이제라도 문학의 이름으로 새롭게 거듭날 수 있는 길은 하나밖에 없다. 이제라도 지난 1세기의 잡문론 역사를 과감히 떨쳐버리고 에세이 문학의 본적지인 현대문학 이론을 수용하는 것이다.

 창작문예수필은 백철 교수와 조연현 교수가 소개하고 있고, 다른 모든 대한민국 문학 학자들이 기술한 현대문학의 이론서들이 동의하고 있는 몰톤의 문예창작론을 그대로 받아들인다. 필자는 조연현 교수가 말하고 있는 토의 양식의 문학을 갑오경장 이후 우리나라에 들어 온 에세이 문학으로 본다. 몽테뉴의 에세이문학이 현대문학 초창기에 다른 시, 소설, 희곡 등 창작문학과 함께 이 땅에 들어왔다는 사실은 다음과 같은 기록이 분명하게 증언해 주고 있다.

> 이광수는 기행적이고 불교적이면서 인도주의적인 수필을 많이 썼다. 《조선문단》 제3호(1924.12.1일 발행)에 '의기론義氣論'이라는 글을 발표하면서 그 제목 아래에 괄호를 하고 '에세이'라는 말을 기입하였다. 이로 보아 현대문학사상 수필이라는 양식을 의식하고 수필을 쓴 최초의 작가가 이광수인 것 같다.(《현대한국문학사개설》 정대영 외 공저 대광문화사 370쪽)

이광수는 수필을 에세이로 보았다는 뜻이다. 그러나 상기한 바와 같이 에세이는 25가지 별명의 잡문들과 홍매의 '붓 가는 대로'에 흡수되어 이론적 혼돈 상태에 빠져서 에세이 문학으로서의 빛을 발하지 못하였던 것이다.

현대문학 초창기부터 수필의 '붓 가는 대로'와 몽테뉴의 에세이가 혼재된 상태에서 시작된 것이 수필이 신변잡기적 글쓰기로 변질 된 한 큰 원인이라고 필자는 보고 있다. 그런 신변잡기 류의 글쓰기 가운데서 한 가닥이 창작문학 쪽으로 자생적으로 진화, 발전해 온 것이 창작문예수필로 나타나게 된 것이라고 보는 것이다. 그렇게 보게 된 증거물들은 이미 《창작문예수필이론서》를 통해서 최남선 이래 윤오영, 피천득 등 선배 작가들의 작품들과 필자 자신의 실험 작품을 통해서 발표한 바 있고, 그 후 계속하여 선배작가와 현역작가들의 창작문

예수필 작품들을 발굴하여 《창작문예수필-작품과 작법》지에 계속발표하고 있다.(현재 24호 발간)

시인 소설가들 중에는 만에 하나 필자가 '수필도 시 소설 같은 창작문학으로 진화하여 오고 있다.'는 주장에 대해서 돈키호테 같은 주장이라고 하실 분이 있을지도 모른다. 또한 수필인들 중에는 '수필은 본래 창작문학이 아니다'라는 필자의 말에 마음이 편치 않으실 분도 있을 것이다. 그러나 에세이가 창작문학이 아닌 이미 있는 것에 관하여 토의하는 양식의 일반 산문문학이라는 사실은 필자의 주장이 아니고 위에서 밝히고 있는 대로 지구촌 현대문학의 이론이다. 뿐만 아니라 대한민국 문학학자 모두가 동의하고 있는 에세이문학의 이론이다. 오직 대한민국의 수필계에서만 수필은 '붓 가는 대로' 쓰는 글이라는 주장을 펴 오고 있다.

필자는 조연현 교수의 '수필은 창작적인 변화가 용인'되는 문학이라는 해석이야 말로 현대수필 100년 동안에 나온 수필 관련 이론들 중에서 가장 창조적이고 정확한 수필문학의 개념으로 여기고 있다. 조연현 교수의 '창작적인 변화'야 말로 수필문학의 진화에 관한 가장 정확한 이론적 근거인 것이다.

예를 들어 한 사람의 신인 수필가가 만약에 조연현 교수의 '창작적인 변화를 용인'하는 출발선에서 글쓰기를 시작하였다면, 그 수필가의 글쓰기는 언제까지, 그리고 어디까지 창작적인 변화만을 되풀이하고 있을 것인가? 수필의 창작적인 변화는 시나 소설 같은 '창작'에까지 미치도록 변화해서는 안 된다는 벽壁이라도 있는가? 수필은 아무리 창작적인 변화가 거듭 진행된다 해도 창작문학에 까지는 미치지 못 해야 되는가?

지금 이 글을 읽고 있는 독자가 바로 그 수필가라면, 무엇이라고 대답하실 것인가? 수필이 과연 '창작적인 변화가 용인' 되는 문학이라는 조연현 교수(몰톤)의 말이 맞는 것이라면, 그 변화의 끝에는 마침내 시나 소설 같은 창작의 세계에까지 미치도록 변화하여 갈 것은 자명한 일이 아닌가? 조연현 교수의 '창작적인 변화'란 다름 아닌 서구 현대문학의 본질적 속성인 '진화론'에 근거를 두고 있는 말인 것이다.

필자는 백철 교수와 조연현 교수야 말로 우리나라 창작문예수필의 산파역을 한 창작문예수필 이론의 선구자라고 생각한다. 이 두 분의 수필문학 개념에 관한 정확한 진단과 해석이 없었다면 필자같이 학문이 얕은 일개 무명작가가 감히 수필의 창작문학 쪽으로 진화론에 근거한 《창작문예수필이론서》라는 것을 들고 나오지 못하였을 것이다. 백철 교수의 '문학학문과 문예적인 글의 중간 위치'와 조연현 교수의 '창작적인 변화' 속에서 오늘의 창작문예수필이 탄생하게 된 것이다. '문학학문과 문예적인 글의 중간 위치'와 '창작적인 변화'야 말로 창작문예수필의 에세이로부터 진화의 이론적 모태인 것이다.

[ 연보 ]

- 1941년　(음 1940) 만주 봉천 출생
- 1957년　작문선생으로 부임해 오신 소설가 고 이범선 문하 문학수업 시작
- 1960년　대광중고등학교 졸업
- 1960년　중앙대학교 철학과 중퇴
- 1963년　서라벌예술대학(미아리·야간) 문창과 중퇴
- 1966년　육군복무 만기 제대
- 1972년　단편소설《무서운 아이》이범선 천거, 오영수 불가 낙방
- 1974년　생활고로 미국으로 이민
- 1984년　美 Pacific Christian College 졸업 B.A
- 1991년　美洲〈한국일보〉신춘문예 시 입선
- 1992년　美洲〈한국일보〉신춘문예 소설 입선
- 1993년　본국『現代文學』수필추천 당선
  첫 작품집 명상노트《개똥벌레 한 마리가 세상을 밝힐 수 있겠느냐》
- 1994년　美洲〈중앙일보〉논픽션 입선
  첫 수필집(신앙)《예수 믿으세요》
- 1995년　수필집《다시 연애하는 세상이 되어야 살 수 있다》
- 1996년　첫 시집(신앙)《사랑하고 죽으리라》
- 2003년　생업(공장 노동자)에서 은퇴

- 2004년  30년 만에 조국으로 귀국
  수필집(신앙)《교회야 나와서 놀자》
  수필집《꽃과 여인을 노래 할 수 없는 시대》
  창작문예수필 발견 . 이론창안 작업 시작
- 2006년  인터넷 수필전문지『e-수필』창간멤버
  첫 소설집《아내의 천국》
- 2007년  《창작문예수필이론서》
- 2009년  도서출판 비유 설립 등록
  제2시집《말의 뼈다귀》
  《수필의 창작문학 시대 선언》
  《정론 현대수필문학 이론》
  박진환 박사 문하 시론 강의 수강
- 2010년  《수필문학 이론은 정립되었다》
  에세이집《커피 같은 아내 도넛 같은 남편》
  창작문예수필 작법《형상과 개념》
  《수필문학 이론은 정립되었다》로『조선문학』평론상
- 2011년  창작문예수필 작법교실 부천교실 오픈
  창작문예수필 비평 연구서 계간『창작문예수필-작품과 작법』창간
- 2012년  창작문예수필 작법교실 광주교실 오픈
  『창작문예수필 작품선집』1 -여성작가 100인편
  에세이집 《누깔》

- 2013년   창작문예수필 작법교실 대구교실 오픈

　　　　《창작문예수필–작품과 작법》정기간행물 등록

　　　　창작문예수필 첫 작품집《창작》
- 2014년   창작문예수필 평론 대전교실 오픈

　　　　〈창작문예수필작가회〉결성

　　　　〈창작문예수필작가회〉첫 작품집《비닐 속의 남자》
- 2015년   〈수필의 현대문학 이론화 운동〉–〈붓 가는 대로〉폐기 공개 선언

　　　　〈창작문예수필작가회〉두 번째 작품집《무장한 도시》
- 2016년   한국문인협회 부이사장 정목일, 〈붓 가는 대로〉공개 폐기 선언.

　　　　《창작에세이》〈창작문예수필〉24호에 게재.

현대수필가 100인선 Ⅱ - **21** 이관희 수필선
## 아름다운 불륜

**초판 인쇄** 2016년 11월 25일
**초판 발행** 2016년 11월 30일

**지은이** 이관희
**펴낸이** 서정환
**펴낸곳** 수필과비평사 · 좋은수필사
**주소** 서울시 종로구 삼일대로 32길 36(익선동 30-6 운현신화타워 빌딩) 305호
**전화** (02) 3675-5635, (063) 275-4000 · 0484 팩스 (063) 274-3131
**이메일** sina321@hanmail.net  essay321@hanmail.net
**출판등록** 제 300-2013-133호
**인쇄 · 제본** 신아출판사

저작권자 ⓒ 2016, 이관희
이 책의 저작권은 저자에게 있습니다 서면에 의한 저자의 허락없이 내용의
일부를 인용하거나 발췌하는 것을 금합니다

저자와 협의, 인지는 생략합니다
잘못된 책은 바꿔 드립니다

ISBN 979-11-5933-066-7 04810
ISBN 979-11-85796-15-4 (전100권)

값 7,000원

> 이 도서의 국립중앙도서관 출판시도서목록(CIP)은 서지정보유통지원시스템 홈
> 페이지(http://seojinl.go.kr)와 국가자료공동목록시스템(http://www.nl.go.kr/kolisnet)에
> 서 이용하실 수 있습니다(CIP제어번호: CIP2016028306)

Printed in KOREA